DUPLAMENTE GRÁVIDOS

Ana Paula Gomes Bittencourt   André de Oliveira Bittencourt

DUPLAMENTE GRÁVIDOS
100 EXPERIÊNCIAS

O QUE UM FILHO ENSINA AOS PAIS

Paulinas

Dados Internacionais de Catalogação na Publicação (CIP)
(Câmara Brasileira do Livro, SP, Brasil)

Bittencourt, André de Oliveira
   Duplamente grávidos : 100 experiências : o que um filho ensina aos pais / André de Oliveira Bittencourt, Ana Paula Gomes Bittencourt. -- São Paulo : Paulinas, 2019. -- (Coleção melhor remédio. Série reflexões e orações)

   ISBN 978-85-356-4505-7

   1. Bebês - Desenvolvimento 2. Família - Aspectos religiosos 3. Gestantes 4. Gravidez - Aspectos psicológicos 5. Mães e filhos 6. Pais e filhos
   I. Bittencourt, Ana Paula Gomes. II. Título. III. Série.

19-24502   CDD-618.24

Índice para catálogo sistemático:

1. Gravidez : Experiências : Paternidade e maternidade : Vida familiar 618.24

Maria Alice Ferreira - Bibliotecária - CRB-8/7964

1ª edição – 2019

Direção-geral: *Flávia Reginatto*
Editora responsável: *Andréia Schweitzer*
Copidesque: *Ana Cecilia Mari*
Coordenação de revisão: *Marina Mendonça*
Revisão: *Sandra Sinzato*
Gerente de produção: *Felício Calegaro Neto*
Produção de arte: *Jéssica Diniz Souza*
Imagens do miolo: *Depositphotos e Freepik*
Imagem de capa: *Depositphotos – © inarik*

Nenhuma parte desta obra pode ser reproduzida ou transmitida por qualquer forma e/ou quaisquer meios (eletrônico ou mecânico, incluindo fotocópia e gravação) ou arquivada em qualquer sistema ou banco de dados sem permissão escrita da Editora. Direitos reservados.

Paulinas
Rua Dona Inácia Uchoa, 62
04110-020 – São Paulo – SP (Brasil)
Tel.: (11) 2125-3500
http://www.paulinas.com.br – editora@paulinas.com.br
Telemarketing e SAC: 0800-7010081
© Pia Sociedade Filhas de São Paulo – São Paulo, 2019

Ao nosso filho amado, Joaquim, por ter sido nossa fonte de inspiração para escrever este livro. Nosso primogênito nasceu em 26 de julho de 2011, dia em que se comemora a festa de São Joaquim e Sant'Ana, os avós de Jesus e pais de Maria, sendo assim, queremos também dedicá-lo aos nossos avós Joaquim Bittencourt (*in memoriam*) e Olivia Bittencourt (*in memoriam*), Antônio Rosa e Edemia Oliveira (*in memoriam*), Gumercindo (*in memoriam*) e Benita Leal (*in memoriam*), e Raimundo Cardoso (*in memoriam*) e Cândida Cardoso (*in memoriam*).

Somos eternamente gratos a Deus pela graça recebida com a chegada de nosso filho e aos nossos pais, pois temos consciência de que a nossa experiência como pais nos revela a dedicação incansável deles no passado, pois, no exercício amoroso de sua vocação, registraram marcas de saudade em nossos corações e contribuem até hoje com a nossa felicidade. O maior desejo que um ser humano pode ter é a certeza de ser amado, e não temos dúvidas de que o fomos.

Que Deus abençoe todos os que são chamados a serem pais, para que vivam em estado de graça essa oportunidade e aproveitem cada segundo de convivência com seus filhos, desde o ventre materno até a luz do nascimento, e, também, que suas palavras e exemplos possam inspirá-los a serem grandes seres humanos e que sua luz seja centrada na luz de Cristo a seus filhos e filhas.

SUMÁRIO

Paz e alegria a todos!...15

Mamães e papais...17

Mensagem do arcebispo 19

Prefácio..20

1. Propósito com Deus 22

2. Será que estamos grávidos?..24

3. Vida de oração 26

4. Preparação com sucos matinais 28

5. Enjoos 30

6. Vontade de urinar 31

7. Desejos 32

8. Sites 33

9. Dieta gestacional...34

10. Kit lanche...36

11. Vitaminas e leites...37

12. De olho na balança..38

13. Roupas e sapatos...40

14. Zelo hidratante...41

15. Atividade física 42

16. Escolha do nome dos filhos 43

17. Celebrar o sexo do bebê 44

18. Músicas e diálogos 45

19. Vacinas gestacionais 47

20. Preparação das mamas 48

21. Cursos para gestantes 49

22. Filmes e documentários 50

23. Atividade sexual 51

24. Esfrie a cabeça 52

25. Prisão de ventre 53

26. Laranja-da-terra 54

27. Preocupação com as despesas 55

28. Medo do parto 56

29. Primeiras doze semanas. Primeiro trimestre de gravidez (muito cuidado!) 58

30. Segundo trimestre (muita calma!) 60

31. Terceiro trimestre (mais esperado) 62

32. Preparação espiritual pré-parto 64

33. Decoração e preparação do quarto 65

34. Prudência na direção do carro 66

35. Cuidados em casa 67

36. Anestesia 68

37. Vigilância 24 horas ... 69

38. Bolsa da maternidade ... 70

39. Parto acompanhado ... 72

40. Após a alta hospitalar ... 73

41. Auxílio de alguém experiente ... 74

42. Livros educativos ... 75

43. O susto ... 76

44. Contato físico com o bebê ... 78

45. Higienização do bebê ... 80

46. Higiene bucal ... 84

47. Banho de sol ... 85

48. Massagem ... 87

49. Alimentação pós-parto ... 89

50. Leite materno: aleitamento ... 92

51. Diferenças entre leite de vaca e leite materno ... 93

52. Soluços ... 94

53. Benefícios do aleitamento para a mãe ... 95

54. Benefícios do aleitamento para o bebê ... 96

55. Duração da amamentação e aleitamento ... 98

56. Dicas práticas do manejo de lactação ... 101

57. Produção e armazenamento do leite ... 103

58. O valor do sono ... 104

59. Ambiente do sono 106

60. Higiene com as roupas e os utensílios do bebê 107

61. Reconhecimento da voz e do cheiro 108

62. Aprendendo a falar cantando 109

63. Vitaminas e medicação 110

64. Choro noturno 112

65. Diferenciação dos cinco tipos de choro 113

66. Trocar o dia pela noite 115

67. Apoio dos cireneus 116

68. Reconciliação com o apelo do filho 117

69. Despedida na saída 118

70. Rede que embala e acalma 119

71. Licença-maternidade e licença-paternidade 120

72. Consultas médicas 125

73. Bula de remédio 126

74. Multiprofissionalismo 128

75. Comunhão com a Igreja 129

76. Amanhecer em clima de oração e paz 130

77. Oração dos duplamente grávidos 131

78. Mesversários 132

79. Rotina CDB (comer, dormir e brincar) 133

80. Escovação infantil 136

81. Chupeta e mamadeira 137

82. Copo antivazamento 140

83. Fala infantil 141

84. Voltar à forma física 142

85. Bebê na cama 143

86. Resguardo 145

87. Gratidão 24 horas ao dia... 146

88. Papinha.. 147

89. Dentes 148

90. Aplicação financeira 149

91. Primeiro trimestre pós-parto (primeiro, segundo e terceiro mês)....................... 151

92. Segundo trimestre pós-parto (quarto, quinto e sexto mês) 152

93. Terceiro trimestre pós-parto (sétimo, oitavo e nono mês)................................... 153

94. Quarto trimestre pós-parto (décimo, décimo primeiro e décimo segundo mês)..... 154

95. Vacinas para o bebê 155

96. Escolha dos padrinhos 157

97. Prudência com viagens 160

98. Primeiros passinhos... 162

99. Desmame 163

100. Oração final... 164

Planilha de orçamento familiar 165

PAZ E ALEGRIA A TODOS!

A gestação é um divisor de águas na vida de um casal, e a condição física, emocional, mental e espiritual dos pais é fundamental para o desenvolvimento saudável do bebê. Os cuidados dos pais antes, durante e após a gravidez são essenciais na formação do novo ser.

Foi pensando nisso que tivemos a iniciativa de escrever este livro contendo sugestões e experiências que contribuam, orientem e esclareçam dúvidas muito frequentes de todos aqueles que recebem o dom de ser pais ou que estão esperançosos em gerar uma nova vida e construir uma família cristã.

À medida que a gravidez avançava, íamos observando a riqueza da experiência gestacional e sentimos que precisávamos registrar as 100 mais significativas, de tal forma que elas nos auxiliassem em uma provável segunda gestação, recordando cada detalhe e cuidado, bem como para que pudéssemos compartilhar com outros casais que estivessem passando pela mesma realidade.

Nosso propósito é partilhar com os futuros pais um conteúdo agregador para uma gestação saudável, fruto de muitos diálogos com pais experientes que colocaram em prática hábitos gestacionais saudáveis e, também, resultado de conversas com especialistas da área médica, que, através de seus conhecimentos, ofereceram o melhor possível ao nosso primogênito.

Por que a expressão "duplamente grávidos" no título da obra? Apesar do corpo da mãe ser a única ponte nutricional para o crescimento do bebê, acredito que o seu desenvolvimento vai muito além da questão alimentar e que a presença e a influência do pai na gravidez assumem também uma posição primordial para a felicidade a três.

Por isso, como uma forma de demonstrar essa umbilical responsabilidade, revelada no companheirismo, no amor e no zelo com o bebê que vai chegar, convido você a percorrer estas páginas e descobrir a riqueza de um casal duplamente grávido.

Ainda que tudo seja proposto com base no significado do que é ter um filho, nada será capaz de dizer tudo o que isso pode representar. Procurei uma boa definição, mas não encontrei palavras para expressar. Contudo, acredito que todas as palavras de bom coração servem para definir o que é ser um filho em ação. Minha vida era uma, antes do meu filho nascer, agora já não sei se são duas ou três vidas em uma, mas só sei que sou um conjunto completo de três ou mais.

Se pudermos contribuir escrevendo em linhas fortes a marca de grandes passos ao longo da jornada gestacional, duplamente grávidos, teremos nossa maior recompensa por ter escrito um pouco de nossa história.

André Bittencourt

MAMÃES E PAPAIS

A maternidade foi esperada por mim durante muitos anos e, quando planejamos ter filhos, devemos pensar no esposo e pai que queremos ao nosso lado. Deus, sabedor do meu desejo, fez tudo se realizar no tempo certo e me presenteou com uma linda e abençoada família.

Essa emoção foi algo que senti desde o início do meu namoro com meu esposo André, pois sabia e sentia o quanto seria um companheiro de vida especial, simplesmente porque ele tem Deus como centro de sua vida e, consequentemente, isso não seria diferente quando viessem os frutos, os nossos filhos.

Dar origem a um filho é gerar um fruto, fruto de um amor com Deus, do amor entre um homem e uma mulher em sua vida matrimonial. E, para isso, precisamos vivenciar um conjunto de experiências como: oração, amor conjugal, apoio da família, alimentação saudável, preparação para amamentação, orientações das mamães e papais mais experientes e, principalmente, o acompanhamento de profissionais, nesse percurso divino de uma nova vida humana.

Foi com muita gratidão por Deus no meu coração que vivenciamos todos esses sentimentos com a vinda do nosso primeiro filho. A cada momento, a cada exame, a cada consulta médica, a cada terço diário, entregávamos a evolução daquele ser lindo que nos impulsionava e fortalecia a nossa fé e o nosso amor.

No dia do nascimento do bebê, vivenciamos muitos sentimentos, como ansiedade, força, coragem, mas, acima de tudo, tínhamos a confiança de que Deus estava no comando. De fato, estava e sempre estará, e, quando estava na sala de preparação para o parto, houve um momento de entrega, pois sabia que a partir daquele dia minha vida mudaria e que a única coisa que caberia seria o amor incondicional, um sentimento lindo e de Deus.

Os primeiros dias de vida foram verdadeiramente um tempo de dedicação e doação. Os momentos de expectativa no meu coração foram se concretizando com o primeiro choro, a primeira mamada, o primeiro banho de banheira, o primeiro banho de sol, os cuidados especiais que um recém-nascido exige, aquela vida pequenina que foi inserida na sua forma tão maravilhosa e que precisava de muito amor para crescer e se desenvolver com saúde, sabedoria e santidade.

Nossos esforços se perpetuarão até os últimos dias de nossas vidas, para que nosso filho semeie o bem a todos, com todo o amor e a fé de seu coração. Nossa missão está apenas dando os primeiros passos com o Joaquim, e a cada dia lutamos para que o final dessa história seja celebrado no céu.

Ana Paula Gomes Bittencourt

MENSAGEM DO ARCEBISPO

André e Ana Paula Bittencourt, "duplamente grávidos", formam um casal ao mesmo tempo encantador e de grande competência, "fazendo escola" para todos os homens e mulheres, marcados pela graça do Matrimônio, ao acolherem o convite de participar da obra criadora de Deus.

Trata-se de uma obra de apóstolos da vida e da dignidade do Matrimônio, colocada à disposição do público como um vade-mécum da gravidez, da paternidade e da maternidade.

Desejo que este instrumento a serviço do Evangelho da vida seja bem acolhido e suscite muitos frutos para o bem de nossas famílias, passando por todas as etapas da geração, gravidez, nascimento para a luz da terra e para a luz de Deus, pois isso conduz também à graça batismal.

Como o livro termina com uma oração, proponho que as pessoas que o lerem se comprometam em união de preces pelos valores da família. Assim, o alcance desta obra chegará até o céu, para voltar multiplicado à terra.

Dom Alberto Taveira Corrêa
Arcebispo de Santa Maria de Belém do Grão-Pará

PREFÁCIO

Parabenizo o casal André e Ana Bittencourt pela iniciativa em oferecer um pouco da fantástica experiência da paternidade e maternidade a todos os que estão prestes a receber a graça de gerar, criar e educar um filho. Podemos pensar que é fácil, porém, o desafio da educação de uma criança, da melhor maneira possível, está cada vez mais difícil.

A dedicação a cada detalhe, desde antes da gestação, assim como o preparo para o casamento também são fundamentais. Sim, porque o Matrimônio é um sacramento que precisa ser levado a sério e em que se deve aprender a ter zelo um pelo outro, continuamente, ao longo da vida.

A gravidez, quando sonhada e bem planejada, faz com que possamos evitar momentos difíceis, especialmente após o parto. O universo "duplamente grávidos" deve ser bem vivido e aproveitado, pois cada gestação é única, sendo sempre uma muito diferente da outra. A generosidade de compartilhar momentos tão especiais e únicos na vida familiar é louvável, pois nem sempre as experiências pessoais são tão bem narradas e detalhadas.

Ser pai e ser mãe são uma dádiva que deve ser diariamente reconhecida como um excelente motivo para conversarmos com Deus. A gratidão pela chegada de um filho deve fazer parte das orações do casal. A responsabilidade e a dedicação farão toda a diferença na criação do bebê. Muitas vezes, é necessário ser um pouco mais rígido em determinadas situações corriqueiras, mas certamente o rigor e o amor são extremamente necessários na educação da criança.

Penso que a figura do pediatra tem um papel essencial nessa relação em que estão envolvidos tantos sentimentos diferentes. Atender um telefonema, responder uma mensagem de celular ou um e-mail faz toda a diferença em momentos de angústia e dúvida. Sim, porque a tecnologia digital veio para intensificar as relações humanas, especialmente no início da vida de uma criança, em razão das surpresas vividas com tanta intensidade por seus pais e por toda a família.

Ser pai e mãe de "primeira viagem" torna o casal mais sensível e vulnerável a qualquer tipo de informação, mesmo que nem sempre seja correta. Este livro, com certeza, fará com que os pais fiquem mais fortalecidos e encorajados a enfrentar a árdua tarefa de criar um filho, além disso, eles terão também fortalecida sua fé, pois, no meio de tantas angústias, medos e desilusões, serão lembrados de que para Deus nada é impossível (Lc 18,27).

Mariane Cordeiro Alves Franco

Pediatra-Neonatologista

Docente de Pediatria do Curso de Medicina da

Universidade do Estado do Pará

1

PROPÓSITO COM DEUS

Muitos casais encontram dificuldades em engravidar por alimentarem uma grande expectativa com relação a suas vontades, ansiedades e preocupações. Uma das formas mais simples e eficazes de se preparar emocional e espiritualmente para receber o dom da paternidade e da maternidade consiste em fazer um propósito com Deus através da oração de consagração da vida a ele.

Inicialmente a gestação precisa acontecer espiritualmente, ou seja, em nossas orações exprimíamos a vontade de nos tornarmos uma família, mas que, acima de nosso sonho e desejo, fosse feita a vontade de Deus, através de filhos biológicos ou pela adoção. E, assim, nosso coração estava aberto para acolher qualquer que fosse o desejo do Pai com relação à chegada do nosso filho.

Desde o início de nosso casamento, era costume fazermos orações durante a semana com o auxílio da liturgia diária, e essa foi a maneira que encontramos para acordar um pouco mais cedo e dedicarmos nosso dia a Deus, com o alimento da Palavra, e nos fortalecermos para enfrentar o dia de trabalho e para a prática de virtudes, afinal, para ser pai e mãe, precisamos ter compromisso com nossos atos.

Algumas vezes já despertávamos dizendo: "Senhor, em teu nome me levanto para trabalhar e viver segundo a tua vontade. Em tuas mãos entrego o meu dia". Quando não dava tempo para a liturgia matinal, que costumava ter a duração de 15 minutos, seguida de uma breve meditação nas leituras, às vezes fazíamos isso à noite, antes de dormir, com mais calma.

Desde nosso tempo de noivado, já era hábito em nosso relacionamento termos um encontro marcado com Jesus na Eucaristia, onde costumávamos ofertar, na comunhão semanal, a transformação da nossa vida pelo corpo e sangue de Jesus. Assim, convidamos vocês que estão iniciando uma gestação a também oferecerem no altar o fruto que está sendo gerado, pelo amor do casal, e entregue ao amor de Deus.

Nós não engravidamos quando queremos, não é um direito adquirido por lei, mas um dom divino, uma graça, sonhada pelo Pai para seus filhos. Casais em condições normais levam em média de 5 a 9 meses para conseguir um resultado positivo, sendo assim, precisamos exercitar uma espera confiante, até que Deus haja em nossas vidas.

A bênção com a boa notícia da vinda de nosso primogênito chegou logo no segundo mês de Matrimônio. Fazer um propósito com Deus, através da oração amorosa, é uma das melhores formas de receber a graça de ter um filho, pois a melhor oração é aquela que jorra de um coração que ama.

2
SERÁ QUE ESTAMOS GRÁVIDOS?

A natureza biológica é fantástica, e logo alguns sinais de que a gestação está se iniciando são sentidos, como cansaço, sonolência, enjoos, vontade frequente de urinar, fome, desejos e instabilidade emocional, o que também pode ser sentido pelo marido. Mas, nesse caso, não se trata de questão hormonal, mas de ligação emocional, fazendo com que os homens também se sintam grávidos, e isso é mais um motivo para assumir a condição de "duplamente grávidos".

Em nosso caso, notou-se o atraso na menstruação, que foi um forte sinal de que algo novo poderia estar acontecendo. Resolvemos fazer um teste de farmácia, porém, deu negativo, em função de medicamentos para um tratamento de infecção urinária, o que fez com que a coloração se alterasse e o teste não identificasse a gravidez, mas a sensibilidade da mãe numa hora dessas deve ser levada em consideração.

A inquietação feminina fez com que, no dia seguinte, optássemos pelo exame de sangue, por ser mais confiável. Pedimos ajuda no laboratório para dar caráter de urgência na entrega do resultado, pois estava tomando medicamentos fortes e, no caso de confirmada a gravidez, teria imediatamente de suspendê-los.

No fim da tarde a Karina, irmã da Ana Paula que trabalhava no laboratório, já estava com o resultado e teve o carinho de fazer um mimo para nós, elaborando um cartão com a imagem de um bebê, com os dizeres: "Papai, estou a caminho", e juntando com o exame, para depois entregar para Ana Paula.

Minha esposa, ao chegar em casa, veio dizendo que tinha uma correspondência para mim. Fiquei surpreso, pois não estava aguardando nenhum documento e, ao abrir o envelope, estava lá o resultado positivo e o cartão com a imagem de um bebê. Sem palavras, perguntei se era verdade, e as lágrimas vieram aos olhos, para, em seguida, glorificarmos a Deus pela graça recebida, a maior de todas, pois era o anúncio do nosso primeiro fruto.

Os testes de gravidez são baseados na presença de um hormônio chamado HCG, presente na urina ou no sangue. No exame de sangue é possível detectá-lo com maior precisão. A partir do momento da confirmação da gravidez, fomos orientados de que a mãe não deve tomar bebida alcoólica, fumar, ingerir comidas gordurosas e frituras, refrigerantes, além de precisar suspender qualquer produto químico para os cabelos e para o corpo.

A gestante deve manter bons hábitos, livre de vícios, para ajudar na amamentação. Um raciocínio interessante que minha esposa adotou era o de pensar assim: "Se esta comida pode fazer mal para um adulto, quanto mais para o bebê, então, irei renunciar a ela". Ser duplamente grávidos é assumir uma postura responsável e uma vida ainda mais saudável.

3

VIDA DE ORAÇÃO

Logo que soubemos da confirmação da gravidez, sentimos um convite do Espírito Santo para intensificarmos ainda mais nossa vida de oração. Resolvemos que, além de nossa oração pessoal e da missa dominical, deveríamos dedicar um terço diário ininterrupto pela gestação de nosso filho.

Durante todos os 9 meses rezamos diariamente o terço. Nos dias em que um dos dois estava cansado ou atarefado, o outro tinha que dar seguimento na oração mariana.

Às vezes, dedicávamos cada conta da Ave-Maria do terço a uma parte do corpo de nosso filho que estava sendo formado, como o cérebro, o coração, os pulmões etc. Oferecíamos nossas preocupações e agradecimentos, além de rezar por toda a família e pelas pessoas que nos pediam orações.

No início parecia uma rotina quase que obrigatória, mas, com o passar dos meses, tornou-se algo leve e agradável. Ao final de cada mistério, pedíamos a intercessão de Nossa Senhora do Bom Parto e de Santa Gianna Beretta Molla (venerada como protetora das gestantes), da qual tivemos a grata satisfação de conhecer a biografia.

Uma forma agradável que encontramos para rezar o terço foi no carro, durante o traslado até o trabalho (com o auxílio do CD do *Rosário*, comentado por nosso arcebispo, Dom Alberto Taveira Corrêa e pelo Padre Jonas Abib, da Comunidade Canção Nova). O rosário passou a ser também para nós um momento para pedir saúde e proteção ao nosso filho e a nossa família.

O terço, para nós, é hoje uma arma poderosíssima de luta pela santificação diante de nossas imperfeições e de tudo o que o mundo quer nos impregnar, e, acima de tudo, é uma forma de demonstrar nossa pertença a Deus e a sua vontade.

4

PREPARAÇÃO
COM SUCOS MATINAIS

Antes mesmo de casarmos, já cultivávamos um hábito diário muito saudável para nosso organismo, que consistia na preparação matinal do nosso "suco verde da energia".

Quando casamos, e logo que tivemos a confirmação da gravidez, era comum substituir um café da manhã com queijos, pães, leites etc. por um suco saudável à base de clorofila, nutritivo para o corpo e a mente.

Costumávamos nos desintoxicar naturalmente, limpar nosso sangue e fortalecer nosso corpo com sucos energéticos, feitos de couve, espinafre, cenoura, podendo ser misturados também com abacaxi ou laranja. Essas combinações fortalecem o sistema imunológico, deixando-nos menos vulneráveis a doenças e ao acúmulo desnecessário de calorias logo cedo.

Uma das mais eficientes formas de preparação do organismo para uma gestação saudável é introduzir ácido fólico na alimentação, 3 meses antes de engravidar, para evitar que o bebê tenha má-formação do tubo neural, que, segundo informações médicas, pode ser evitada com ingestão de vegetais verdes-escuros como: couve, espinafre e brócolis, ingeridos bem lavados e crus na salada ou em sucos matinais.

Sabemos que é muito importante para a gestante ingerir uma grande quantidade de líquido diariamente, pois, além de colaborar para a produção do líquido amniótico, que protege o bebê, ajudará também na amamentação, pois a produção de leite já começa a partir da 20ª semana. Quanto antes se começa a ingerir líquidos, maior será a facilidade no aleitamento.

Já preparávamos logo cedo, ao acordar, uma combinação de sucos. A base costumava levar couve e espinafre, podendo ser acrescentados pepino, cenoura, beterraba, e costumávamos misturar com abacaxi ou laranja. Preferíamos bater no liquidificador com água natural e coar antes de beber.

Eram feitos diariamente cerca de 750 ml de suco, sendo 500 ml para a mamãe e o bebê e 250 ml para o papai, que também era adepto do suco saudável. Segundo nutricionistas, os sucos com folhas verdes como couve, espinafre, devem ser tomados com frutas como: acerola, laranja, tangerina, para melhor aproveitamento nutricional. Durante a noite uma dica prática é encher uma garrafinha tipo *squizze* para tomar água à vontade, sem ter que ir até a cozinha.

5

ENJOOS

A causa provável dos enjoos que afetam 70% das mulheres grávidas são os hormônios, que provocam um relaxamento dos músculos lisos, causando uma diminuição da velocidade com que a comida transita pelo sistema digestivo e gerando esses sintomas.

Normalmente, costumam perdurar somente nos três primeiros meses de gestação, que compreende o período de não formação da placenta. Esse é um período de alta produção do hormônio feminino – a progesterona –, e essa produção intensa leva ao aparecimento de náuseas e vômitos frequentes. Nesse período, a gestante deve evitar ficar muito tempo de estômago vazio. Por esse motivo, muitos medicamentos para enjoo muitas vezes não dão resultados. Minha esposa salivava bastante e queria cuspir frequentemente. Uma das formas para diminuir a salivação é tomar água de coco e limonada.

Um outro hábito saudável que ela praticava, quando começava a ter muitos enjoos, era comer duas castanhas-do-pará. Faz bem também evitar comer e beber ao mesmo tempo, assim como fazer pequenas refeições ao longo do dia. Uma forma de evitar azias é comer em menor quantidade a cada refeição, porém, com qualidade, mastigando bem os alimentos e não exagerando na água.

VONTADE DE URINAR

6

É um dos sintomas que permanecem até o final da gravidez. A explicação médica que recebemos é de que um dos motivos é o fato de a bexiga ficar encostada no útero, pois, quanto mais este cresce, menos espaço sobra para ela se expandir e armazenar a urina, provocando a vontade constante de urinar.

A gestante nunca deve prender a urina.

7

DESEJOS

Esses desejos não valem para todas as grávidas, mas as que os manifestam podem ser no sentido de que estão querendo receber mimos do marido ou da família, chamando atenção para sua fragilidade e sensibilidade.

Minha esposa teve desejo de comer manga verde, jaca, macarrão escorrido, caldeirada de peixe.

Os desejos fazem parte desse momento único, e a mamãe merece todos os mimos carinhosos de um coração duplamente grávido. Eles não têm hora para surgir e, geralmente, têm a ver com alimentos ou misturas incomuns ou difíceis de obter. Muitas vezes, as vontades da gestante dizem respeito a alguma fruta que está fora de época de colheita ou a algum alimento que não pode ser encontrado na região.

SITES

Logo no início da gravidez, fizemos o cadastro em um site que disponibiliza informações bem consistentes, fornecidas por médicos, sobre as mudanças e necessidades de cuidados durante todo o período gestacional.

Através do site, podemos ter uma projeção semanal do desenvolvimento do bebê, bastando inserir os dados do último ciclo menstrual. Além disso, há informações sobre alimentação mais adequada a ser feita naquela semana, esclarecimento das dúvidas mais frequentes sobre a formação fetal, e, ainda, disponibilização de cursos e palestras *on-line* sobre os mais variados assuntos relacionados à gravidez. Vale a pena se cadastrar e se divertir com as informações sobre a gestação.

9

DIETA GESTACIONAL

Uma dieta recomendável é aquela rica em frutas, verduras, legumes, sopas e caldos. Principalmente com alimentos, em geral, saudáveis, sem nada de gordura (o excesso provoca desequilíbrio de vitaminas), fritura e refrigerantes, principalmente os escuros.

Quanto mais a gestante se alimentar, em intervalos de duas ou três horas, menos enjoo sentirá. Ela deve comer várias vezes durante o dia e ingerir alimentos de qualidade nutricional, pois isso facilitará o desenvolvimento do bebê na fase intrauterina e será a base para o fortalecimento do sistema imunológico dele, para que não venha a adoecer com facilidade no futuro.

Evitávamos ao máximo esquentar comidas no micro-ondas, em função da emissão de radiação na comida, e preferíamos priorizar sempre que possível o fogão para aquecer.

Devemos evitar também alimentos com corantes, do tipo *light*, adoçantes e grandes quantidades de café, chá preto e chocolate. Deve-se restringir ao máximo o consumo de produtos que contenham cafeína. É permitido o consumo de até duas xícaras de café ao dia, mas, cuidado, a cafeína é um estimulante que atravessa a placenta e pode excitar o bebê.

É preciso ter cuidado com comidas salgadas, que provocam retenção de líquido e inchaço dos pés. Cuidado com o consumo de carnes, aves e ovos malcozidos, pois a carne crua pode transportar o micro-organismo causador da toxoplasmose, infecção capaz de provocar danos cerebrais ou cegueira no bebê.

Os ovos crus ou malcozidos podem estar contaminados pela salmonela, uma bactéria que pode causar diarreia e vômitos, estressando fortemente o bebê e podendo, segundo orientações médicas, provocar um parto prematuro.

Outra dica interessante é sobre o consumo de um dos alimentos preferidos dos brasileiros, o feijão. Aprendemos a colocar o feijão descansando na água durante a noite, para, no dia seguinte, tirar a espuma, caso contrário, essa espuma vai toda para o estômago e incentiva o aparecimento de gases.

10
KIT LANCHE

Os horários de pico de fome ocorrem entre as 10h e as 16h. Uma prática saudável, que o casal duplamente grávido precisa providenciar, é o kit lanche. Um alerta importante é não confiar em lanches vendidos na rua.

Tínhamos o hábito de separar frutas variadas para o lanche da manhã e da tarde como: maçã, banana, pera, ameixa, tangerina, melão, melancia e, também, de preparar sanduíches naturais.

VITAMINAS E LEITES

Além das vitaminas em cápsulas para suplemento nutricional de proteínas, vitaminas do complexo B, ácido fólico, vitamina C, ferro, zinco, cálcio, ômega 3, recomendadas pela obstetra, fazíamos também muitas vitaminas de mamão, banana, iogurte, acrescentando linhaça triturada e torrada (para extrair o ômega 3) para estimular o funcionamento intestinal.

Outro ingrediente fantástico é a aveia, que colocávamos no leite desnatado ou no leite de soja. Preferimos preparar o leite de soja. O modo de preparo é um pouco trabalhoso, mas, no final, é bem mais saudável e nutritivo.

Modo de preparo do leite de soja: colocar um copo de 250 ml de grãos da soja em uma vasilha com água, de preferência filtrada, e deixar descansar durante a noite, por aproximadamente 12h. No dia seguinte, retirar o excesso de cascas amolecidas durante a noite, lavar os grãos e bater no liquidificador, com 1 litro de água. Depois, coar a mistura com 2 fraldas de pano e levar ao fogo para ferver. Pode ser tomado quente ou frio.

12
DE OLHO NA BALANÇA

Os pais duplamente grávidos devem ficar vigilantes quanto ao ganho de peso da mãe, para não desequilibrar e alterar as taxas, aumentando os riscos na hora do parto. Segundo recomendações médicas, o ideal, no final da gravidez, é ficar entre 9 a 12,5 kg a mais do que o peso normal.

Em geral, os quilos adicionais se distribuem da seguinte forma: no nascimento, o bebê vai pesar em torno de 3,3 kg. No decorrer da gestação, o útero cresce bastante e passa a ter 900 g a mais. A placenta que nutre o bebê pesa 700 g ao final da gravidez. Os seios aumentam de tamanho, podendo adquirir cerca de 400 g a mais. O volume de sangue circulante no corpo cresce, podendo-se adquirir quantidade extra, pesando 1,2 kg.

A mãe ainda acumula líquido no organismo, além do líquido amniótico que envolve o bebê, num total em média de 2 kg. Somado a tudo isso, há o acúmulo de gordura durante a gravidez, para garantir uma reserva extra de energia para a fase de amamentação, e esse total pode chegar a 4kg.

Portanto, ao final da gestação, somando esses fatores, daria aproximadamente 12,5 kg a mais, mas isso é só um parâmetro, o mais indicado é um acompanhamento e a orientação médica para avaliar seu estado antes da gravidez, levando em consideração outros indicadores, como, por exemplo, o seu índice de massa corporal – IMC, pois, quanto maior o IMC inicial, menos a mulher deve engordar na gestação.

Esse cuidado facilitará que a mulher volte à medida anterior ao parto, tendo condições mais saudáveis e menor risco de complicações na hora do parto. O melhor a fazer é conseguir orientações sobre como se alimentar de forma balanceada, para que os quilos não se acumulem demais e o bebê cresça saudável.

Mantenha uma alimentação saudável e diminua o consumo de bolachas, bolos, doces e sorvetes, que não são muito nutritivos, e tenha cuidado com comidas regionais que contêm ingredientes que possam prejudicar sua saúde e a do bebê.

O mais recomendável é ter uma conversa com o obstetra ou procurar uma nutricionista para receber orientações.

13

ROUPAS E SAPATOS

Um dos primeiros sinais da gravidez é o inchaço dos seios e, para evitar desconfortos ou dores, pode-se optar por adquirir sutiãs com um número superior, podendo-se até dormir com ele ou com um top, pois ajuda a combater o efeito da gravidade, para não deixar os seios caídos.

Calcinhas e sutiãs apertados bloqueiam a circulação, não favorecendo a drenagem linfática natural, portanto, devem ser substituídos por peças íntimas de algodão, pois, além de proporcionarem maior conforto, são mais higiênicas.

É recomendável usar sapatos confortáveis que proporcionem maior estabilidade para a gestante.

ZELO HIDRATANTE

Desde o 2º mês de gravidez, uma prática recomendável é passar, após o banho, óleo de amêndoas para hidratar o corpo, principalmente na região da barriga, coxas e nádegas, evitando o aparecimento de estrias.

15

ATIVIDADE FÍSICA

A partir do 3º mês é saudável a prática de atividades físicas, pois o organismo da gestante entra num ritmo mais acelerado, aumentando a quantidade de sangue circulante, o batimento cardíaco, além disso, os pulmões e os rins trabalham mais, e, se não fizer nenhuma atividade, ao final do dia a mãe se sentirá muito mais cansada.

Os exercícios físicos ajudam a combater o estresse, aumentam a resistência do organismo, tonificam e alongam os músculos, diminuem o inchaço das pernas e melhoram a circulação sanguínea, além de trazerem mais energia, bom humor e alegria, pois elevam a produção de endorfina, um dos hormônios do bem-estar, proporcionando boa disposição e melhora na qualidade do sono.

Para iniciar as atividades físicas, é recomendável fazer uma avaliação médica e seguir um programa com recomendação de um profissional. Uma ótima sugestão pode ser a hidroginástica. Nós optamos por caminhadas e massagens, após o dia de trabalho.

ESCOLHA DO NOME DOS FILHOS 16

Acreditamos que o nome é algo sagrado, uma revelação do amor divino, antes mesmo da concepção. A escolha do nome, dentro de uma visão cristã, tem uma relação próxima com a missão que a pessoa cumprirá no decorrer da vida, daí sua grande importância.

Tivemos o cuidado de escolher o nome "Joaquim", pelo fato de possuir um significado especial para nós. Esse nome quer dizer: "Deus construirá", e é uma forma de expressar nosso desejo de submeter a vida de nosso filho à condução divina.

Outro motivo é que esse nome santo foi concedido ao avô de Jesus e, consequentemente, pai de Nossa Senhora, além de ser uma forma de homenagear meu pai e meu avô paterno, ambos já falecidos e que possuíam o mesmo nome.

Acreditamos que o nome em si não será suficiente para dar pleno sentido à vida de nosso filho, mas o amor conferido a ele, desde sua origem, será imprescindível para o seu crescimento espiritual. E, como em tudo que há amor, Deus se faz morada, pois ele é amor, cremos que escolhemos esse nome para que nosso filho tenha uma vida construída por Deus. E tudo que é pensado e feito com amor não fica sem dar fruto.

17 CELEBRAR O SEXO DO BEBÊ

Qualquer que fosse a escolha divina para o sexo do nosso filho – seja menino ou menina –, agradeceríamos com a mesma satisfação. Ficamos felizes com a notícia de que era um menino, e, assim que soubemos do sexo, através da ultrassonografia, fomos à missa juntos, ao final do expediente, e oferecemos a celebração em ação de graças pelo dom da vida de nosso filho Joaquim.

MÚSICAS E DIÁLOGOS

A partir do terceiro mês, o feto já está com todos os órgãos formados. No quarto mês, ele desenvolve os reflexos, chuta, se move, engole e, a partir daí, irá amadurecer cada vez mais. O terceiro trimestre é o período em que ocorre a formação do sistema nervoso fetal. O bebê já pode escutar e sentir o que "os duplamente grávidos" dizem e expressam para ele.

Uma das melhores formas que encontramos para ganhar intimidade e curtir nosso bebê, ainda no ventre da mãe, foi colocar músicas antes de dormir que transmitissem leveza e serenidade. Adquirimos uma coletânea de grandes nomes da música clássica, interpretados pelo premiado maestro Carlos Slivskin.

A música do período Barroco situa-se entre 1650 e 1750, é de estilo intenso, refinado e extravagante, refletindo a vida da época. Alguns de seus maiores expoentes foram: Corelli, Purcell, Pachelbel, Vivaldi, Telemann, Albinoni, Handel e Bach, e suas obras revolucionaram a escrita musical. A "Era da Elegância" compreende o período entre 1750 e 1800, e a música da época caracterizava-se por uma maior leveza. Alguns dos seus maiores nomes foram: Gluck, Haydn, Boccherini, Mozart e Beethoven. A música do período Romântico alcançou notável expressão entre 1800 e 1850, caracterizada pela maior flexibilidade das formas musicais. Alguns dos grandes nomes desse período foram:

Berlioz, Chopin, Liszt, Mahler, Massenet, Puccini, Rimsky-Korsakov, Tchaikovsky, Verdi. O período impressionista situa-se entre 1850 e 1900, estendendo-se até meados do século XX. Seus maiores expoentes foram: Debussy, Ravel, Fauré e Satie. Todas essas músicas contêm na sua essência uma linguagem musical inteligente, inquestionável e indecifrável, totalmente favorável aos pequeninos.

Sentíamos, desde o ventre da mãe, que, ao ligarmos o som, ele se acalmava e relaxava, parecendo apreciar cada arranjo. Existem também ótimas opções de músicas de relaxamento, algumas combinando sons com barulhos da natureza.

Um detalhe sensacional é que, depois que eles nascem e quando ficam muito agitados e chorando, ao ouvirem as músicas preferidas do período gestacional, têm a tendência a se acalmarem mais facilmente. A partir do oitavo mês, o bebê já reconhece e ouve sons com nitidez, podendo inclusive identificar a voz de familiares.

Certa vez, estávamos vendo televisão e o bebê estava todo de um lado da barriga, formando um grande volume e comprimindo as costelas de minha esposa. Ela pediu que eu falasse com ele, na tentativa de encontrar uma posição mais confortável. Conversei com ele do lado oposto, próximo à barriga, e pedi que viesse em minha direção para aliviar a mamãe. No mesmo instante, ele foi se movendo em minha direção pelo estímulo da comunicação.

Vale muito a pena aproveitar momentos como esse para contar histórias, cantar, conversar com ele sobre como foi o dia. Recordo que falávamos para ele sobre as coisas que havíamos comprado ou ganhado de presente.

VACINAS GESTACIONAIS

19

É fundamental conversar com o médico para se orientar quanto ao tipo e a periodicidade das doses das vacinas gestacionais que a mãe deve tomar, como, por exemplo, a de gripe e a antitetânica.

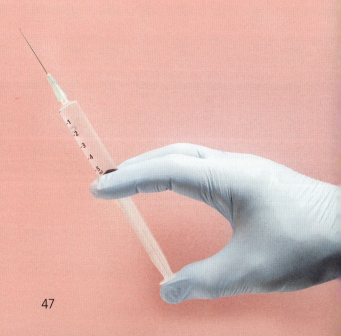

20 PREPARAÇÃO DAS MAMAS

É recomendável, pelos médicos, que a mãe use sutiã durante a gestação, faça banhos de sol nas mamas por 15 minutos, até as 9 horas da manhã ou a partir das 16 horas.

Fomos orientados que a preparação das mamas deve ocorrer a partir do sexto mês gestacional. Durante o banho, pode-se massagear o seio apalpando com os dedos no sentido horário, torcer o bico do seio para um lado e depois para o outro, para a direita e para a esquerda e, depois, puxar o bico para a frente e, ao final, esfoliar somente a aréola, com bucha vegetal.

Um esfoliante natural e caseiro recomendado por médicos pode ser feito com um pouquinho de mel e açúcar cristalizado. Além disso, deve-se evitar o uso de sabonetes, cremes ou pomadas nos mamilos. Não se deve ordenhar o seio para retirada de colostro, é contraindicado.

CURSOS PARA GESTANTES

21

A partir do sétimo mês, vale a pena participar dos programas promovidos por laboratórios ou clínicas direcionados aos duplamente grávidos. Esses cursos ensinam a lidar com a gravidez de maneira mais assertiva e a cuidar melhor do bebê na gestação.

É uma excelente oportunidade para assistir a palestras e aulas com orientação prática sobre assuntos de interesse dos futuros pais, como: modificações na gravidez, primeiros passos, desenvolvimento fetal, nutrição gestacional, lactação, amamentação. De um modo geral, recebemos orientações sobre os principais cuidados e procedimentos necessários antes, durante e após a gestação, contando com abordagem de uma equipe multidisciplinar, em áreas como pediatria, ginecologia e obstetrícia, nutrição, odontopediatria, fonoaudiologia, psicologia, enfermagem etc.

Além de todas essas vantagens, é uma boa oportunidade para trocar ideias com outros duplamente grávidos que estão passando pelas mesmas dificuldades e questionamentos. Uma das nossas práticas era também ler revistas e livros sobre bebês e gestação.

22 FILMES E DOCUMENTÁRIOS

Como gostamos muito de assistir a filmes em nossos momentos de lazer, nos finais de semana ou feriados, aproveitávamos para ver alguns documentários e filmes de comédia sobre gravidez e, dessa forma, conseguíamos unir o útil ao agradável, ou seja, aprendíamos nos divertindo.

ATIVIDADE SEXUAL

Os duplamente grávidos ficam confusos e inseguros com relação ao fato de o ato sexual vir a prejudicar o bebê. A natureza é bela, em sua sabedoria, e precisamos compreender que, no primeiro trimestre gestacional, até por uma questão de proteção adicional à vida que está sendo formada, ocorre a diminuição da libido da mulher, devido à substituição dos hormônios sexuais pelos hormônios gestacionais.

A partir do quarto até o sétimo mês, essa situação se regulariza parcialmente, sendo que, nos dois últimos meses, a libido volta a diminuir, o que está atrelado à indisposição da mulher, porém, isso não impede a intimidade do casal de forma segura e saudável. A relação sexual faz aumentar a quantidade de hormônios no corpo da mãe, dentre eles, a serotonina e endorfina, que proporcionam uma sensação de bem-estar tanto para ela quanto para o bebê.

O ato deve ser evitado apenas por contraindicação médica, geralmente, quando se trata de uma gravidez de risco. A afetividade e sexualidade se configuram de inúmeras formas, além do ato em si, o carinho, o toque, o beijo, a carícia, fazem parte do processo prazeroso. É válido buscar a compreensão das vontades e dos momentos, pois a intimidade deve ser algo agradável aos duplamente grávidos.

24

ESFRIE A CABEÇA

Passamos por um período curto da gravidez em que minha esposa tinha fortes dores de cabeça. Uma das formas de aliviar quase que imediatamente esse problema era fazer compressas de gelo ou com bolsa térmica resfriada.

PRISÃO DE VENTRE

Aprendemos que o sistema gastrointestinal funciona muito lentamente durante a gestação, dessa forma, o bolo fecal tem mais dificuldade de ser eliminado e a água é reabsorvida rapidamente, causando prisão de ventre. O alimento demora de 2 a 3 horas para sair do estômago. A mãe deve, assim, evitar ingerir líquido durante as refeições, fazendo um intervalo de pelo menos meia hora.

Durante o dia, a mãe deve ingerir muito líquido. Cuidado com a farinha, pois esse alimento é considerado cruel pelos especialistas, pois contribui para prisão de ventre, afinal, são quase sete metros de alças intestinais que podem ser entupidas com a ingestão frequente desse alimento.

Outra dica interessante é tomar chá de erva-cidreira, camomila, erva-doce, após as refeições, para estimular a ação do suco gástrico e facilitar a digestão. A grávida deve evacuar todos os dias, tomar bastante água, cerca de 2 a 3 litros/dia, bem como ingerir líquidos em geral e alimentos como: caldos, sopas, canjas, que ajudam a evitar a prisão de ventre e que a mucosa fique seca.

26

LARANJA-DA-TERRA

É recomendável, por nutricionistas e médicos, a partir do sexto mês, a ingestão de laranja-da-terra, pois é excelente para baixar a pressão, combater anemia e evitar albumina na gravidez. É uma forma natural de fazer uma limpeza no organismo.

Costumávamos descascar duas laranjas por noite, abrindo a parte de cima, para formar uma boquinha, e colocando-as dentro de uma vasilha com a tampa semiaberta, durante a noite, para serem consumidas em jejum, como suco, no dia seguinte.

PREOCUPAÇÃO COM AS DESPESAS

É normal a preocupação com despesas pelo fato de que os gastos irão aumentar e o orçamento terá que ser reajustado, porém, a providência divina será ainda maior e não faltará nada para aqueles que amam a Deus.

Uma das formas que encontramos, para auxiliar o controle e honrar as responsabilidades financeiras, foi rever e ajustar nossa planilha financeira familiar. Levantamos os compromissos financeiros e fizemos uma previsão de receitas e despesas.

Há uma sugestão de planilha que elaboramos nas páginas 165 a 167. Os leitores podem se basear nela, para criar uma mais adequada às suas necessidades pessoais.

28

MEDO DO PARTO

O medo é uma defesa natural do organismo, diante de situações desconhecidas ou de desafios que envolvem riscos. Perante uma responsabilidade nova, o nosso organismo costuma produzir, através das glândulas suprarrenais, um hormônio denominado adrenalina, que, quando não metabolizado adequadamente, leva a uma condição excessiva de ansiedade e medo.

Na cultura brasileira existe uma concepção distorcida do parto normal, o que gera uma imagem negativa, muito dolorosa e sofrível a ele associada, e que influencia muitas mulheres a recorrerem ao parto cesariano, por quererem "evitar sentir dores".

Vale ressaltar que, em alguns países mais desenvolvidos, o mais comum são os partos normais, e muitos deles até acontecem no domicílio, em banheiras. O próprio nome já anuncia sua normalidade, com capacidade de rápida recuperação e menores riscos de infecção ou outras complicações que envolvem sempre cuidados, quando se trata de cirurgia.

Existem hoje alternativas de parto normal induzido, com a manutenção das contrações e suavização de dores. Em todo caso, o mais recomendável é o esclarecimento e a avaliação médica junto ao obstetra, considerando a situação de cada mãe, a posição e condições do feto.

O medo não termina com o parto, e o apoio amigável e amoroso do pai será fundamental na nova etapa que começa, pois a mulher a cada dia vai adquirindo mais confiança no exercício da maternidade, e é essa fé perseverante que deve nutrir uma feliz esperança na providência divina do amor de Deus, nos momentos de dificuldades, aos duplamente grávidos.

29

PRIMEIRAS DOZE SEMANAS
PRIMEIRO TRIMESTRE DE GRAVIDEZ (MUITO CUIDADO!)

É o período mais delicado, pois é quando a gestação fica mais vulnerável à interrupção, o corpo da gestante ainda não ganhou formas, mas a mãe já sente que uma vida está sendo gerada dentro dela. Nesta fase começam algumas mudanças físicas, como cansaço, indisposição, náuseas e aumento do apetite, como também alterações emocionais que deixam a mulher mais sensível e insegura diante do novo desafio.

Esse trimestre é uma fase de expectativa, de incertezas, de instabilidade emocional, podendo até ocorrer choro inesperado e irritabilidade, e a paciência do pai será importante. A duplicidade na gravidez, ou seja, a presença, atenção e apoio do pai, serão fundamentais para iniciar saudavelmente uma gestação, que começa no coração de um casal que toma posse da bênção recebida.

Uma prática simples e cativante é aprender o idioma "pluranês", ou seja, com a chegada do bebê, pode-se considerar sua presença em manifestações verbais ou em simples mensagens, como por exemplo, a mãe envia para o celular do pai: "Você já vem nos apanhar?", "Estamos (mamãe e o bebê) esperando por você" (referindo-se ao bebê que está na barriga), "Papai, estamos com muita saudade de você, vem para cá..." (pode-se até misturar o "pluranês" com o "nenenês").

E o pai também pode falar o "pluranês" como, por exemplo: "Como estão vocês?", "Já almoçaram? O que comeram?", e, antes de dormir, "Boa-noite para a mamãe e o bebê". A presença do pai é fundamental para fortalecer o vínculo familiar e oferecer apoio à esposa que, muitas vezes, sente-se indisposta e insegura. Ao final desse primeiro período, começará a aparecer a barriguinha, o que provavelmente fará a mulher sentir-se autenticamente grávida.

30

SEGUNDO TRIMESTRE
(MUITA CALMA!)

Este período é de maior tranquilidade. As alterações de humor são comuns, mas as preocupações, principalmente a partir do quinto mês, se acalmam quanto à saúde da mãe e a do bebê. A linha *nigra*, escura, começa a surgir no ventre, e a ação dos hormônios deixará os seios ainda maiores e os mamilos também começarão a escurecer.

A mãe pode começar a sentir o bebê se mover dentro do seu útero. A partir do segundo trimestre gestacional, ele já consegue ouvir e reagir a sons externos. Uma prática recomendável é contar histórias, cantar, conversar com ele e, principalmente, ouvir músicas suaves e tranquilas.

Vale destacar que tudo o que a mãe sente, o bebê sentirá na mesma proporção, inclusive perceberá os sentimentos positivos ou negativos dos pais e reagirá a esses estímulos. Apesar de já ter passado a fase mais crítica do primeiro trimestre, agora começa o cuidado emocional, cabendo aos duplamente grávidos uma vigilância no tratamento um com o outro, procurando manter a amorosidade e o respeito pelo filho e evitando ao máximo brigas e discussões.

Quando ficávamos chateados um com o outro, procurávamos o mais rápido possível empreender um diálogo desarmado, em busca de reconciliação, assumindo cada um o seu erro. Nem sempre era fácil, mas sentíamos que o Espírito Santo nos recordava da importância da humildade e da flexibilidade para a saúde emocional e espiritual de nosso bebê e, também, que éramos responsáveis, ainda que no ventre materno, por qualquer tristeza provocada inutilmente a ele.

Além do cuidado psicológico, os duplamente grávidos devem observar o desenvolvimento físico-emocional do seu bebê através do pré-natal e do ultrassom. Era visível a alegria e gratidão de minha esposa, quando a acompanhava em consultas e exames.

No final desse trimestre a respiração poderá ficar mais ofegante, a temperatura do corpo tenderá a aumentar, causando calor, e as pernas poderão ficar mais doloridas. Um gesto que minha esposa adorava era quando eu colocava meu ouvido em sua barriga e comentava sobre os sons que ouvia. Esse período é um dos melhores para ficar em harmonia com o bebê.

TERCEIRO TRIMESTRE
(MAIS ESPERADO)

Este período é o de maior expectativa, pois começa a contagem regressiva para o nascimento. O peso da barriga, à medida que vai se aproximando as últimas semanas, começa a incomodar a região lombar, sobrecarregando os músculos e a coluna, e a ansiedade e expectativa aumentam. O ideal é economizar esforços e aproveitar para relaxar sempre que possível.

A retenção de líquido propicia certo inchaço nas mãos e nos tornozelos, e o aumento da barriga deixa a gestante sem posição para dormir. Uma forma que encontramos para espantar o cansaço diário foi através de massagens relaxantes.

Após o banho costumava, de vez em quando, diminuir a luz do quarto, colocar uma música agradável e me esforçava passando cremes, massageando o corpo de minha esposa, principalmente nos membros inferiores e superiores, o que facilita a circulação e alivia os músculos e as tensões após o dia de trabalho.

Outra sugestão é colocar as pernas para cima, vendo televisão ou simplesmente repousando, isso garante retorno venoso e é uma forma de fazer drenagem linfática para desinchar. Outra prática que funcionou foi colocar armadores de rede no quarto, e minha esposa passou a dormir nela. Com isso, ela sentiu melhora na respiração e teve maior facilidade para encontrar uma posição adequada.

Outra experiência que fizemos, para encontrar uma boa posição para descansar, foi colocar travesseiro ou almofada na cabeça e nas pernas, na parte de baixo das coxas, em formato de triângulo.

Além disso, um modo simples de aliviar a tensão e o incômodo é proporcionar à esposa alguns mimos, como oferecer um carinho, surpreendendo a mamãe: ajudá-la a levantar sem grandes esforços, envolvendo suas costas e apoiando-a em seus braços, falar carinhosamente com ela.

Pequenos gestos farão a mãe sentir carinho, amor e proteção. E, antes que pensem que isso é bobagem, posso afirmar que não e que há compensação. Surpreendia minha esposa com algumas demonstrações de afeto e ela retribuía, dizendo frases carinhosas que faziam com que me sentisse o melhor pai-marido do mundo.

No final da gravidez, é normal a diminuição das movimentações do bebê, em função do tamanho dele, e o espaço na barriga também, consequentemente, fica menor, mas, se o bebê ficar sem se mover durante 24h, é preciso procurar o médico urgentemente.

Os duplamente grávidos devem verificar as providências finais do enxoval, do quartinho e do parto, junto ao plano de saúde e da maternidade.

32
PREPARAÇÃO ESPIRITUAL PRÉ-PARTO

Como duplamente grávidos, costumávamos rezar o terço diariamente pelo nosso filho que estava prestes a nascer. Quando faltavam poucas semanas para o parto, a esposa já cansada, com barrigão, senti a necessidade de fazer por nós três a comunhão diária, para que a Eucaristia protegesse nosso filho de um eventual parto prematuro ou de qualquer anomalia.

Quando estávamos na trigésima oitava semana gestacional, senti fortemente que deveria também me confessar, a fim de fazer uma preparação ainda mais completa para a nova vida que estava chegando, pois meu coração estava sedento para começar a experiência virtuosa e queria preparar-me internamente para esta graça.

Fiz a confissão e, ao final, o padre orientou que eu meditasse a Primeira Carta aos Coríntios e a Carta aos Efésios, mas disse que não era preciso lê-las inteiramente no mesmo dia, e que, com serenidade, poderia meditar as leituras nos dias que antecedessem a semana do parto, para compreender melhor o comportamento cristão. Foi uma das melhores confissões da minha vida.

DECORAÇÃO E PREPARAÇÃO DO QUARTO

É melhor prevenir com antecedência do que remediar e enfrentar imprevistos. O ideal é ir arrumando o quarto do bebê com pelo menos um mês de antecedência, até mesmo por uma questão de economia, dando tempo para realizar pesquisas de preços de produtos e evitando improvisações mais onerosas.

Preferimos usar cores com tons claros, brinquedos e objetos em tamanhos grandes e de peso leve, que não soltassem fios nem exalassem odores, para não apresentarem riscos ao bebê. A iluminação do quarto deve ser levada em consideração para melhor ambientação das necessidades do bebê.

Em algumas situações, será necessária iluminação mais forte e, em outras, com menor intensidade. Uma ótima sugestão para essa questão é substituir o interruptor simples pelo "Variador de Luminosidade" (*dimmer* rotativo), que permite controlar o grau de emissão de luz do ambiente.

Um pequeno detalhe com relação ao berço: é muito comum colocarmos algumas almofadas ao redor da grade, mas procuramos preservar uma arrumação dessas almofadas em formato "L", de tal forma que permitisse melhor visualização do recém-nascido, quando estivéssemos sentados ou até mesmo deitados.

34

PRUDÊNCIA NA DIREÇÃO DO CARRO

Tivemos a oportunidade de assistir a um programa de automóveis em que na reportagem eram especificados os riscos e cuidados que as gestantes devem ter com o *air bag*. Apesar de tratar-se de um equipamento de segurança, foi destacado que, em caso de acionamento e dependendo do tamanho da barriga da mãe e do impacto causado pelo sinistro, poderá haver algum tipo de problema ou até mesmo risco para a gravidez.

Durante a reportagem, em que se mostravam várias grávidas com barrigas de diferentes tamanhos, era orientado como dirigir de forma a proteger o ventre, afastando bem os bancos e ajustando-os a cada necessidade.

Em todo caso, nas últimas semanas e nos últimos meses minha esposa parou de dirigir, como forma de evitar ao máximo qualquer susto ou risco que pudesse causar um problema mais sério para a gravidez. Fica o alerta, pois, na dúvida é melhor prevenir.

CUIDADOS EM CASA

35

Um dos cuidados iniciais é com relação à limpeza do ar. Em nosso caso, adquirimos uma central de ar-condicionado para o quartinho do bebê, e procuramos ter o cuidado de fazer a limpeza semanal do filtro e também uma limpeza completa a cada seis meses.

Um detalhe que deixamos passar despercebido foi com relação à lubrificação das dobradiças das portas, pois qualquer ruído pode acordar o bebê e um simples óleo de máquina ou até de cozinha pode resolver a questão.

Quando estiver na cozinha, utilizando equipamentos que emitam barulhos, como o liquidificador, ter o cuidado de fechar a porta, antes de iniciar o procedimento.

Aproveitamos, também, a revisão do nosso carro para trocar o filtro do ar-condicionado de nosso veículo, pois o bebê irá inalar o ar interno purificado por ele.

36

ANESTESIA

Em nosso caso, como minha esposa tinha dificuldade em função do descolamento vítreo, o oftalmologista não recomendou o parto normal, pois o esforço poderia gerar perda parcial da visão.

Assim, tivemos recomendação de parto cirúrgico e fomos aconselhados pela ginecologista-obstetra a fazer uma consulta com o anestesista para avaliação do histórico clínico. É interessante também na consulta aproveitar para tirar suas dúvidas, discutir possíveis ansiedades, pois isso proporcionará maior tranquilidade.

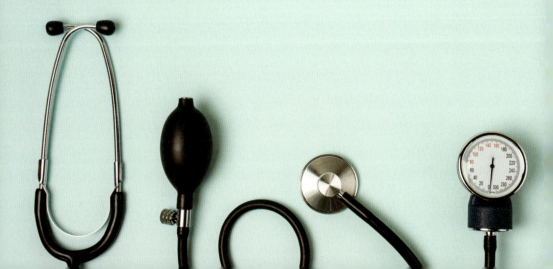

VIGILÂNCIA 24 HORAS

Nas últimas semanas que antecedem o parto, é bom ter cuidado para não deixar o celular descarregado, pois a qualquer momento pode-se receber o chamado ou mensagem de algum imprevisto com a mamãe.

38

BOLSA DA MATERNIDADE

Cuidado com o bebê: aprendemos no curso de grávidos que devemos levar de quatro a cinco conjuntos completos de roupas, lavadas com sabão de coco (porque é um sabão neutro, que não tem cheiro e não vai provocar alergia); lembre que as partes mais frias do bebê são a cabeça, mãos e os pés, portanto, não podem faltar meias, toucas e sapatinhos, além de fraldas descartáveis, escovinha de cabelo, lenços para limpeza genital, creme contra assaduras, sabonete (cuidado para não comprar os destinados a bebê, porque possuem cheiro forte; estes tipos só devem ser usados, segundo especialistas, após os dois anos de idade – o melhor é seguir as orientações pediátricas), álcool 70% para curativo do cordão umbilical e álcool gel para assepsia dos visitantes.

Fomos orientados no curso de gestantes, que, em bebês recém-nascidos, não se pode usar perfumes, colônias, xampu, talco e amaciante de roupas. Em regiões quentes do país, como no Norte, caso não exista ar-condicionado, devemos trocar a fralda a cada duas horas, em função da alta temperatura, pois pode ficar muito quente para o bebê.

Uma sugestão interessante, para levar os conjuntinhos de roupas que serão usados em ambiente hospitalar, é guardá-los separadamente em embalagens plásticas feitas de material atóxico com fecho hermético, o que possibilita uma vedação de proteção para evitar que essas roupas tenham contato com superfícies que possam estar contaminadas ou sujas, bem como que se percam peças pequenas como meias e luvinhas. Essas embalagens podem ser encontradas em casas de descartáveis ou que vendem materiais plásticos.

Cuidado com a mamãe: aprendemos no curso de grávidos que a mãe deve levar: camisolas, calcinha de algodão, sutiã para amamentação, absorvente pós-operatório, absorvente para os seios, cinta pós-operatória (é opcional em casos de cirurgia, para ajudar a mãe a voltar à forma natural) e material de higiene pessoal (escova e creme dental, sabonete íntimo etc.).

Após o nascimento do bebê, a minha esposa preferiu trocar o desodorante spray, que contém muita química, pelo desodorante do tipo *roll-on*.

39

PARTO ACOMPANHADO

Para os duplamente grávidos, essa é uma experiência inesquecível. Tive o prazer de estar presente durante o parto e, logo que entrei na sala de cirurgia, uma das assistentes estava levantando os braços de minha esposa, que estavam dispostos lateralmente na maca, e colocando-os em formato de cruz, amarrando-os com o apoio de tipoias.

Ao ver aquela cena, lembrei o momento da crucificação de Jesus, em que se entregou a nós, doando sua vida. No mesmo instante em que presenciei minha esposa naquela posição de entrega total, comecei a fazer uma oração silenciosa, atrás da máscara cirúrgica, em agradecimento por todo aquele estado de graça.

A maternidade comporta uma entrega da mãe ao filho eternamente, uma consagração que se perpetua através do amor de doação de uma vida toda e para toda a vida, algo semelhante à entrega de Cristo na cruz e, também, à atitude de Maria ao dar à luz o Menino Jesus.

APÓS A ALTA HOSPITALAR

40

Ao retornar a casa, é recomendável que o bebê tome diariamente dez minutos de banho de sol logo cedo, até 8h ou após as 16h30. O curativo do umbigo precisa ser feito três vezes ao dia. Além disso, deve ser feita a vacinação da criança: BCG + hepatite B (primeira dose).

Vale ressaltar que a vacina aplicada na coxa do bebê é mais doloro-sa do que a no bracinho. Uma das recomendações que recebemos das enfermeiras era de que podíamos fazer compressa de água gelada para aliviar a dor, mas, detalhe, não é preciso esfregar como massagem, mas apenas aplicar algodão gelado no local.

Quanto às vacinas, estas são oferecidas tanto em postos de saúde como em clínicas particulares. Geralmente, na própria maternidade, são disponibilizadas as aplicações. Os testes do pezinho, o Master, da orelhi-nha (RN de risco) e o do olhinho, que devem ser feitos, muitas vezes têm cobertura integral por parte dos convênios.

41 AUXÍLIO DE ALGUÉM EXPERIENTE

É importante ter, na primeira semana da amamentação, uma pessoa experiente que possa orientar quanto aos cuidados com o bebê, que vão desde a amamentação correta (posição, ritmo dos horários, alternância dos seios, procedimentos para melhor produção no aleitamento), o banho de sol e com água, higiene do coto umbilical e da cabecinha, limpeza cuidadosa dos genitais, troca de fraldas, cuidados pós-amamentação, dentre outros aspectos que podem fazer uma grande diferença principalmente para a amamentação.

Essa pessoa pode ser alguém da própria família ou até um técnico de enfermagem/enfermeiro, pois, nesta fase inicial, surgem dúvidas e aflições que podem trazer dificuldades para a família.

Em nosso caso, logo nos dois primeiros dias de amamentação, quando ainda estava saindo o colostro e os seios foram crescendo, minha esposa sentiu que estes estavam endurecendo, por conta de muito leite. Recebemos orientação para fazer compressa com água morna e colocar uma fralda aquecida para aliviar e soltar o leite.

Foi impressionante o quanto ela melhorou e como, a partir daí, a amamentação fluiu normalmente, e ela soube até cuidar dos mamilos, quando estavam começando a ficar feridos.

LIVROS EDUCATIVOS

É útil ter em casa livros que abordem a vida do bebê em cada etapa, para servir de auxílio e tirar dúvidas durante as ocorrências cotidianas. Pegamos emprestado alguns livros que falavam da fase de estimulação da mente e dos comportamentos da criança nos primeiros estágios de vida.

Tudo é válido, mas admitimos que o mais importante é o amor, a fé e a esperança para atravessar qualquer dificuldade ou momentos de incerteza, pois, afinal, por mais que estejamos "preparados" ou tendo os devidos cuidados para evitar situações embaraçosas, elas irão surgir e, se não tivermos a força do amor duplamente grávido, não adiantará nenhuma técnica ou recomendação, por mais científica que seja.

Uma gestação sempre tem a emoção dos "marinheiros de primeira viagem". Todo duplamente grávido tem casos para contar de preocupação e desespero. Mas tudo passa e, depois, vêm as recompensas por toda a dedicação.

43

O SUSTO

Todo casal de primeira viagem sempre tem uma experiência de desespero para partilhar. Com a gente não foi diferente, e aconteceu no sétimo dia de nascimento do bebê, quando tivemos um grande susto com nosso filho, após ele ter dormido grande parte do dia, depois de mamar bastante. Vamos ao fato.

Ao retornar para casa no fim da tarde, fui pegar meu filho no colo e senti ele mole, como se estivesse anestesiado: suas pernas estavam baixas, bem diferente de como costumava ser, sempre encolhidinhas. Eu falava com o bebê, mas ele não acordava, daí tentei levantar as pálpebras dos seus olhos e abrir sua boca, porém não conseguia.

Preocupado, liguei para uma médica da família e contei o que estava acontecendo e, pelas informações repassadas, ela sugeriu que fôssemos a um atendimento de urgência para averiguar, pois poderia ser uma hipoglicemia.

Durante o trajeto às pressas ao hospital, tive que segurar o pranto para não tirar as forças de minha esposa, que já chorava no carro tentando acordar nosso filho. Ao chegar ao hospital, fomos direto para o atendimento pediátrico de urgência e quando a médica segurou nosso filho e foi tirando suas roupas, de repente o Joaquim começou a se espreguiçar e abrir os olhos, como se dissesse: "Vocês não estão me deixando dormir".

Passado o susto, nos divertimos muito com esse episódio, pois mobilizou toda a família, com a chegada das avós e irmãs no hospital, porém, o desespero foi grande e, na dúvida, é melhor não arriscar e procurar atendimento médico.

44

CONTATO FÍSICO COM O BEBÊ

Nossas mãos e roupas trazem muita sujeira inapropriada ao recém-nascido. Devemos lavar as mãos, passar álcool gel e colocar um paninho no ombro, antes de carregar o bebê, pois este ainda está adquirindo imunidade. Ao voltar do trabalho, é indispensável tomar banho antes de ir ao encontro da criança. No caso da babá, recomenda-se cabelo preso, unhas cortadas, sem esmalte.

Uma observação importante, que os duplamente grávidos devem ter com o recém-nascido, é quanto à sua respiração. Quando ele estiver dormindo com a boca aberta, devem fechá-la, pois a respiração pela boca não é adequada. Crianças com essa deficiência, à medida que vão crescendo, acabam dormindo mal, comendo mal e tendo baixo rendimento escolar em função da baixa oxigenação no cérebro.

Desde o primeiro mês, mesmo sabendo que ele ainda não tinha condição de expressar a fala, iniciávamos um *papo baby*, carregando ele próximo a nós, olho no olho, pois sabíamos que o bebê tem dificuldade de, nos primeiros meses, enxergar além de 30 cm, então mantínhamos um distância próxima, falávamos com ele, sorríamos para ele, balançávamos a cabeça e aguardávamos uma "resposta".

Era interessante que, mesmo não "falando", ele às vezes ensaiava um sorriso, balbuciava algum som tipo "ehhh", ou simplesmente olhava fortemente, de modo que percebíamos alguma comunicação. Um detalhe interessante era que usávamos o nome dele repetidas vezes, como forma de reforço positivo.

Outro cuidado físico com o recém-nascido é colocar luvinha para ele não ficar com o dedo na boca. Se ele desenvolver o costume de chupar chupeta, será menos ruim do que sugar o dedo. Pois a chupeta, sendo um objeto, depois é mais fácil de ser retirada.

Uma ótima sugestão é, quando o bebê estiver dormindo por mais de quinze minutos em sono profundo, suprimir levemente a chupeta. Os especialistas recomendam a eliminação do hábito de chupar chupeta antes dos dois anos, pois depois fica mais difícil a arcada dentária voltar ao normal.

45

HIGIENIZAÇÃO DO BEBÊ

O banho, além de proporcionar a limpeza, é um momento de relaxamento e troca de carinho com o bebê. Logo cedo, pela manhã, fechávamos as janelas e portas para evitar corrente de vento, e aproveitávamos para fazer uma oração com o bebê, à medida que a água percorria seu corpinho.

Antes do banho, fazíamos uma limpeza na região das fraldas com algodão e água morna, para eliminar restos de cocô ou xixi, antes de o corpo do bebê ter contato com a água usada no banho.

No curso de gestantes, aprendemos que a higiene no banho inicia-se lavando primeiro o rostinho do bebê, somente com água, e, depois, os cabelos, com sabonete glicerinado, tendo cuidado com os ouvidos para que não entre água. A seguir, aplicar o sabonete e lavar o resto do corpo: pescoço, peito, braços, genitais, pernas e pés. Depois, pode-se virá-lo de bruços para lavar as costas e, por último, o bumbum. Durante o banho, devemos usar água morna e sabonete neutro, secar as dobrinhas corporais, os espaços entre os dedos e o coto umbilical.

A higienização do coto umbilical é feita três vezes ao dia com álcool 70% para tirar as secreções que possam surgir. Normalmente o coto umbilical cai entre o sétimo e o décimo dia após o nascimento, e, um pouco antes de se soltar, pode haver um pequeno sangramento na região. Neste caso, o coto deve ser limpo a cada troca de fraldas até o sangramento parar por completo, para evitar infecções. Segundo orientações médicas, o coto umbilical não deve ser coberto, para que possa ter contato com o oxigênio e cicatrizar mais rapidamente.

Ao final, devemos cobrir o bebê com uma toalha macia e secar todo o corpo, lembrando-se de limpar o pescoço, virilha, axilas, dedos das mãos e dos pés e atrás das orelhas. As dobrinhas externas das orelhas podem ser limpas com cotonete ou com a ponta da toalha, mas nunca se deve introduzir qualquer objeto no ouvido.

Antes de iniciar o banho, já separávamos os materiais para a limpeza e escolhíamos a roupinha, de acordo com o clima.

Após a higienização, deitar o bebê de lado e aquecê-lo com roupas quentes, evitando lençóis e cobertores. Não se deve passar talco no bebê, para evitar reações alérgicas, em função da química do produto.

Troca de fraldas: em nosso caso, por ser um menino, aprendemos que é importante limpar bem a bolsa escrotal, tendo o cuidado de não deixar restos de algodão, para não irritar com o atrito da pele na fralda, assim como é recomendável colocar para trás o prepúcio (a pele que cobre o pênis), de modo a limpá-lo.

No caso das meninas, lembramos da experiência com uma priminha. Neste caso, o cuidado deve estar em limpar o bumbum sempre de frente para trás; abrir os grandes lábios para retirar todo o resíduo de fezes e urina.

Para verificar se a fralda está ajustada ao corpo do bebê, o dedo indicador deve passar sem folga sobre a barriga e no contorno das perninhas.

Na finalização, aplicar uma camada de creme contra assaduras na região do bumbum e da virilha.

Não se importe se o bebê evacuar ou fazer xixi, logo após ter sido trocado, mas, nesse caso, terá que repetir todo o processo para não deixá-lo sujo. É saudável que o bebê possa evacuar e soltar os gases para evitar complicações maiores. Quando isso acontecia conosco, procurávamos agradecer pelo fato de tudo estar funcionando normalmente, apesar de termos que limpá-lo novamente. Isso parece óbvio, porém, quando transmitimos aborrecimento, geramos um clima emocional desfavorável entre o bebê e seus pais.

Aprendemos que, quando o nosso filho estava fazendo xixi, não podíamos assustá-lo, como se fôssemos interromper sua urina, pois havia perigo de dar infecção urinária.

A higiene da parte genital pode ser feita com algodão, que comprávamos em bolas e dividíamos em partes menores para melhor limpeza e rendimento. Uma vez, ao utilizarmos lencinho umedecido, nosso filho teve uma alergia com determinada marca, e fomos orientados a experimentar outra marca, com teor alcoólico menor, e deu certo.

Outro detalhe interessante que aprendemos com uma enfermeira era que, ao passarmos a pomada antiassaduras na região do órgão genital, nas perninhas, dobrinhas, deveríamos espalhar como se fosse um hidratante, sem precisar deixar excesso, para evitar irritação na pele, que pode ser causada pelo abafamento da fralda.

Por falar em hidratação, fomos orientados a passar um hidratante específico para bebê, quando percebêssemos sua pele ressecada ou descamada. Trata-se de um cuidado necessário para evitar a entrada de infecções e manter sua pele saudável e protegida.

Devemos cortar as unhas do bebê para ele não se ferir, preferencialmente, enquanto dorme, por ser mais fácil e para evitar o risco de machucá-lo com o movimento e a agitação.

Vale ressaltar que temos que ter paciência com o bebê nas horas da evacuação, pois, em média, a criança só consegue ser independente nesse aspecto após os dois anos. Ela não deve ser intimidada nem envergonhada com reclamações dos pais, pois percebe e fica constrangida com as expressões negativas, o que pode provocar prisão de ventre.

HIGIENE BUCAL

A higiene bucal deve iniciar-se antes do nascimento dos dentinhos de leite. Após cada mamada, limpe a boca do bebê com gaze limpa (ou com fralda), umedecida em água filtrada, higienizando os dentes e também a língua. Evite leite ou suco adoçados. Fomos alertados de que mel e açúcar mascavo também provocam cárie.

BANHO DE SOL

O sol é luz para nossa vida e precisamos conhecer os horários adequados para melhor aproveitá-lo. Logo nos primeiros dias, achávamos que bastava obedecer aos horários recomendados, e colocávamos o bebê para tomar banho de sol por cerca de dez minutos até o horário das 8h ou, pela tarde, a partir das 17h.

O sol que batia na varanda de nosso prédio ficava encoberto por outro prédio, refletindo apenas a sombra da luz solar, o que fez com que nos primeiros dez dias aparecesse uma icterícia de grau leve em nosso filho. No entanto, ele não precisou tomar banho de sol no hospital, pois conseguimos corrigir isso a tempo, ao percebermos que em nosso quarto o sol despontava com iluminação direta, logo após as 7 da manhã.

Segundo os médicos, o sol é importante para que a pele ative a produção de vitamina D, que protege contra o raquitismo e fortalece os ossos, além de criar condição natural para melhor aproveitamento das vitaminas e da alimentação. A exposição diária ao sol por cerca de dez minutos nas áreas da face e dorso das mãos é suficiente para a produção da vitamina D.

Sabemos que os bebês menores de seis meses não devem ser expostos ao sol e que os passeios ao ar livre devem se dar sempre antes das 10h e após as 16h, com uso de roupas que cubram o corpo e com a cabeça protegida por chapéu. Após os seis meses, é fundamental aplicar bloqueador solar infantil, com fator de proteção de no mínimo 30, segundo os especialistas, além de colocar roupas adequadas, chapéu e abrigar-se na sombra.

MASSAGEM

Esse momento é mágico! Tal recurso pode ser empregado desde o nascimento, com o bebê acordado, no intervalo entre as mamadas ou sonecas. As massagens aliviam as cólicas, auxiliam na digestão, deixam os músculos mais fortes e as articulações mais flexíveis, estimulando a coordenação motora dos bebês, além de melhorar o sono, aumentar a imunidade e proporcionar tranquilidade em dose tripla, ou seja, para o bebê e para os duplamente grávidos.

Às vezes, antes de iniciar o processo, esfregávamos as mãos umas nas outras, até aquecê-las e, depois, colocávamos na barriguinha ou nos pezinhos inicialmente. Uma das coisas que curtíamos era fazer massagem nas perninhas, esticando-as e flexionando-as sobre a barriguinha. Fazíamos contagem do tipo 1, 2, 3 e jáaaa! Esse tipo de procedimento ajudava a soltar os gases do bebê.

Outra forma de massageá-lo era passando um pouco de óleo vegetal ou hidratante para facilitar o deslizamento das mãos na barriga, em movimentos circulares, no sentido horário, facilitando a digestão. Um outro modo é subir com as mãos unidas desde o peito até os ombros e, depois, descer até o centro do peito, formando um coração.

Nas pernas pode ser feito um movimento leve, de torção da coxa para o tornozelo, e nos braços o mesmo procedimento de torção do ombro até o pulso e, ao final de cada processo, pode-se friccionar a planta e o dorso dos pés e, no caso dos braços, friccionar a palma e o dorso das mãos.

Por fim esticar cada dedinho dos pés e das mãos. De bruços, você pode fazer movimentos de vaivém no pescoço, nas costas até o bumbum. Minha esposa, ao terminar, dava um gostoso abraço e conversava com ele.

Música suave e a diminuição da luz podem ser aliadas ao clímax. É interessante que o bebê manifeste a forma que mais lhe agrada e os lugares de sua preferência. Existem até laboratórios que proporcionam encontros com as mamães e seus bebês para orientá-los na prática da massagem.

ALIMENTAÇÃO PÓS-PARTO

A alimentação do bebê recém-nascido (RN) é basicamente o colostro e leite materno, e a da mamãe é normal, com bastante líquido para ajudar na amamentação (cerca de 5 litros/dia). Quanto maior a quantidade de caldos, sucos, sopas, mingau e derivados do milho, maior será a produção de leite.

Utilizávamos uma garrafa d'água que apelidamos de "garrafa-balde", pois tinha capacidade de armazenar 1 litro de água. Minha esposa costumava tomar água o tempo inteiro, antes, durante e após as mamadas, e, também, nos intervalos, procurando sempre manter o organismo com bastante líquido de reserva para filtrar o sangue e ajudar no leite.

Nas vitaminas de frutas da mãe, um ótimo estimulante, rico em fibras, é adicionar a granola e a linhaça, esta última de preferência triturada no liquidificador e torrada na panela ao fogo, para aproveitar melhor o ômega 3. O consumo de frutas também foi um hábito saudável que mantivemos: ela comia vários tipos de frutas (manga, melancia, mamão, melão, laranja, banana, ameixa, abacaxi), e, às vezes, fazíamos uma salada de fruta e deixávamos na geladeira.

Aprendemos que a mãe não deve tomar café, refrigerantes, principalmente os escuros, e chocolate, para o bebê dormir melhor. O cálcio (presente no leite, iogurte, queijos, brócolis e repolho) é necessário para o funcionamento adequado do sistema nervoso e imunológico, juntamente com o fósforo, que é importante na produção de energia (presente em carnes, frango, ovos). O que aumenta a probabilidade de o bebê ter dentes e gengivas saudáveis.

Um cuidado que devemos ter é com o excesso de açúcar nos alimentos, porque pode prejudicar o bebê, causando dores. Quando percebíamos muita inquietação no bebê, minha esposa tomava chá de erva-doce que, pela amamentação, era diluído e compartilhado com a criança, e sentíamos que se acalmava.

A média de sono diária do recém-nascido é em torno de 16h/dia, devendo ser ele acordado a cada quatro horas para ser amamentado, durante o dia, não tendo um horário preciso.

A doutora Mariane Franco (pediatra de nosso filho) nos ensinou que, quando começássemos a dar comidinha, tudo tinha que ser "inho": sopinha, mingauzinho. A alimentação deve ser metade batida no liquidificador, metade amassada no garfo, para estimular o exercício de mastigação, desenvolvendo a musculatura bucal e evitando que o bebê venha a rejeitar ou demore a aceitar alimentos sólidos.

Um cuidado especial que devemos ter, quando o bebê inicia a alimentação complementar, é de não levar à boca objetos que serão usados para alimentá-lo, evitando a transmissão de bactérias. Além disso, devemos lembrar de verificar antes a temperatura dos alimentos.

Quando passamos a dar papinha de frutas, aprendemos uma dica muito interessante: usar o amassador de batatas para esmagar as frutas de forma rápida e bem fininha, extraindo apenas o sumo. Lembre-se de escaldar o espremedor antes de utilizá-lo. Chegávamos até a fazer uso de mais de uma fruta, e o procedimento era bem prático.

50
LEITE MATERNO: ALEITAMENTO

O leite materno é essencial no primeiro ano de vida do bebê, pois contém anticorpos para o fortalecimento da defesa do seu organismo. Como a pediatra, doutora Mariane Franco, sempre fala, o leite materno é considerado o 3x1, ou seja, o leite é a comida, a água e o remédio do bebê.

Nos primeiros dias são produzidos cerca de 30 ml/dia de colostro. Esse é um leite de aspecto fluido, amarelado e viscoso, e extremamente importante, por ser rico em anticorpos. O leite maduro é o que segue após o colostro. Eles podem ser identificados como primeiro e segundo leite.

Um dos grandes aprendizados que tivemos foi compreender o aleitamento materno. O primeiro leite que o bebê suga, nos dez a vinte minutos iniciais da mamada, é rico em água, sais minerais, anticorpos e vitaminas, e serve para hidratar e proteger a criança. Já o segundo leite, produzido após quinze a vinte minutos do início da mamada, é rico em gordura, sendo responsável pelo ganho de peso e tendo a finalidade de saciar a fome do bebê.

DIFERENÇAS ENTRE LEITE DE VACA E LEITE MATERNO

É interessante comparar as diferenças entre o leite animal e o humano para percebermos o valor dos benefícios da amamentação perseverante. Segundo informações médicas, o tempo de esvaziamento gástrico do leite de vaca é de quatro horas, enquanto do leite humano é de uma hora e meia, pois possui menos caseína.

O leite de vaca provoca uma carga renal excessiva de soluto, por isso, o bebê alimentado com esse leite, necessita ingerir água como complemento da sua dieta. O leite de vaca contém uma proteína com alto potencial alergênico: a beta-lactoglobulina já o leite materno possui uma proteína que tem ação bacteriostática contra patógenos intestinais: a lactoferrina.

soluços

Uma das coisas que aprendemos, foi interromper soluços oferecendo a pituca (peito), pois amamentação faz relaxar e passar o desconforto.

BENEFÍCIOS DO ALEITAMENTO PARA A MÃE

Gostaríamos de partilhar inúmeras vantagens de que tomamos conhecimento e que aumentaram ainda mais nosso esforço e entusiasmo pela amamentação por um período maior de tempo possível.

A mãe que amamenta tem menor sangramento pós-parto e, consequentemente, menor incidência de anemias, menos fraturas ósseas por osteoporose. O aleitamento auxilia na normalização do tamanho do útero, reduz risco de diabetes, de câncer de mama, ovário e endométrio, e, ainda, é um método natural para evitar uma nova gravidez nos seis primeiros meses (se estiver amamentando regularmente e não tiver menstruado ainda), e, portanto, propicia maior intervalo interpartal, além de proporcionar recuperação mais rápida, reduzindo o peso após o parto.

54
BENEFÍCIOS DO ALEITAMENTO PARA O BEBÊ

O leite materno é o alimento mais completo e de fácil digestão para os seis primeiros meses do bebê, melhorando as defesas do organismo e prevenindo: mortalidade infantil, desnutrição, doenças respiratórias, diarreias, otites, diabetes *mellitus*, alergias em geral, asma brônquica, leucemias, rinite alérgica, tumores de crescimento, parasitoses intestinais, gastrite/úlcera gástrica, doenças crônicas, obesidade, osteoporose, aterosclerose e doenças cardiovasculares.

Funciona também como um exercício natural para a face da criança. Nas primeiras mamadas, uma substância chamada colostro é produzida, o que prepara o sistema digestivo do bebê para o leite que virá a seguir, fornecendo anticorpos importantes para protegê-lo contra infecção, além disso, essa substância beneficia a pele delicada dos bicos dos seios e não deve ser removida.

O leite materno apresenta água, no início do ato de amamentar, e, no final, traz mais gordura, o que sacia a fome e a sede da criança. A amamentação é uma dádiva de amor e dedicação, e os bebês amamentados no peito apresentam melhores índices de acuidade visual, desenvolvimento neuromotor, desenvolvimento cognitivo, quociente intelectual e desenvolvimento social. Além de auxiliar na formação dos dentes e, principalmente, favorecer a relação entre a mãe e o bebê.

Nosso filho mamou por um ano e meio, ficando saudável, protegido contra infecções e, nas vezes em que adoece, sua recuperação é mais rápida, pois seu organismo possui melhor resistência.

Uma amamentação adequada pode diminuir o número de idas a consultas médicas, reduz gastos em medicamentos, realização de exames e internação, além de facultar economia também na alimentação do recém-nascido, pelo menos até o sexto mês.

55
DURAÇÃO DA AMAMENTAÇÃO E ALEITAMENTO

No início de uma sessão, o bebê suga com mais força e esvazia o seio mais rapidamente, então, quando for começar uma nova sessão, ofereça a mama que ele mamou menos ou que não foi sugada. Para que o bebê solte o peito, assim que ele terminar a mamada, a mãe pode colocar o dedo mínimo no canto da boca dele, entre as gengivas, para evitar que o mamilo seja machucado.

Quanto ao tempo médio de cada amamentação, gira em torno de 30 a 40 min, devendo ser coerente e levando em consideração o tempo do bebê. A boca da criança deve ser limpa sempre com gaze umedecida em água fervida, após as mamadas. Logo após o término, devemos colocá-lo na posição vertical para arrotar e eliminar o ar que engoliu.

Este procedimento parece óbvio, mas precisamos dar-lhe atenção especial, pois, em alguns momentos, ficamos em dúvida se o bebê de fato arrotou. Nesse caso, fomos orientados que, após cada mamada, devemos ter o cuidado de deixá-lo na posição vertical, encostado ao nosso corpo, estejamos em pé ou sentados, por um tempo aproximado de 15 minutos para que o leite desça.

Algumas vezes, preenchíamos o tempo cantando, conversando com o nosso filho, ou aproveitávamos para rezar baixinho algumas dezenas do terço. Por falar em colocar para arrotar, uma dica para os duplamente grávidos é que, na medida do possível, o pai procure ficar com o bebê para arrotar, pois se ficar sempre com a mãe, ele sentirá o cheirinho do leite e haverá uma grande probabilidade de querer mamar continuamente e de querer o confortante e quentinho colo de mãe, preferindo dormir com ela e até mesmo fazendo o seio de chupeta.

É preciso que a mãe sinta se realmente o bebê mamou o suficiente, para obter a segunda fase mais gordurosa do leite, ou se o bebê terá que complementar com um tempo adicional. Segundo orientações médicas, o período de aleitamento materno exclusivo deve ocorrer até o sexto mês de vida, e, se prolongado até os dois anos ou mais, fazer introdução de alimentação complementar.

De acordo com a definição da Organização Mundial de Saúde (OMS), uma criança é amamentada de forma exclusiva quando recebe somente o leite materno (de sua mãe ou ordenhado), sem ingerir quaisquer outros líquidos ou alimentos sólidos, à exceção de gotas de vitaminas, minerais ou outros medicamentos.

Existem pesquisas que apontam que a duração do aleitamento exclusivo é maior naquelas mães que vivem em união estável. Vale destacar que a produção do leite pela mulher é influenciada pelo hormônio ocitocina, por isso, a situação emocional da mamãe influencia na amamentação. Segundo os médicos, o leite tem ligação direta com os hormônios da mãe e esta precisa ter tranquilidade para que a produção possa fluir com naturalidade, qualidade e quantidade.

O pai, apesar de não amamentar, pode ajudar e muito dando apoio emocional e incentivo à mãe. Segundo a Organização Mundial de Saúde (OMS), menos de 40% dos bebês, com até seis meses de idade, são amamentados exclusivamente com leite materno no mundo. É normal alguns bebês encontrarem dificuldade inicial, mas existem técnicas e procedimentos que ajudam nas primeiras mamadas.

Nas cidades, existem centros de referência públicos que podem ser grandes aliados para que se persevere na amamentação, algo tão gratificante.

Os duplamente grávidos, apesar de terem suas dificuldades naturais, possuindo convivência saudável, podem criar um ambiente propício tanto com relação ao tempo maior de amamentação quanto em relação à amamentação exclusiva.

DICAS PRÁTICAS DO MANEJO DE LACTAÇÃO

A mãe precisa estar numa posição confortável. O corpo do bebê deve estar de frente (não de lado), de tal maneira que seu abdômen esteja colado ao da mãe (barriga com barriga), e esta deve segurar, com uma mão, o bumbum e, com a outra, precisa tentar manter a criança acordada (mexendo levemente na cabeça e nos pés). A boca e o queixo do bebê ficam juntos à mama.

A posição adequada é quando a boca do bebê está bem aberta e a auréola está mais visível em cima do que embaixo, permitindo sugadas grandes e espaçadas, deixando o bebê tranquilo e relaxado para mamar, sem fazer barulho, até ele ficar satisfeito ou secar um dos seios. Lembre--se de que é o bebê que é colocado ao seio, e não o seio levado ao bebê.

A mãe pode oferecer o outro seio, se a criança ainda quiser.

A posição correta evita que a mãe sinta dores nos mamilos, podendo mesmo assim haver algumas fisgadas no início. O quadril do bebê deve ser segurado com firmeza. A mão da mãe, para pegar na mama, deve manter a seguinte posição: polegar acima da auréola e indicador abaixo, como um C.

A boca do bebê deve estar bem aberta para abocanhar toda ou quase toda a auréola, pois, se pegar somente no bico, poderá causar rachaduras. Ou, então, a criança poderá usá-lo como chupeta, e não se alimentar corretamente. As bochechas do bebê devem ter aparência arredondada, e a sucção tem que ser lenta, profunda e ritmada.

Uma prática simples, que pode auxiliar na amamentação, é, ao final da mamada, dobrar a alça do sutiã, engatando-o novamente, para que se lembre qual o último peito que recebeu a mamada.

A sucção do seio é um exercício importante para o desenvolvimento da boca e dos dentes, além de criar hábitos corretos de deglutição (engolir) e, futuramente, de mastigação.

Caso ocorra engasgamento com o leite materno, um recurso que aprendemos e que trouxe grande alívio para nós e para o bebê, foi colocá-lo imediatamente na posição vertical e assoprar levemente a lateral do seu ouvido.

Deve ser evitado o uso de chupetas e mamadeiras, pois, segundo orientações médicas, podem causar doenças e atrapalhar na formação dos dentes. Porém, se não for possível amamentá-lo, deve-se utilizar mamadeira com bico anatômico. É preciso ter bico de mamadeira específico para chá, mingau e água separados.

O bico não pode ser cortado, pois serve para exercício de sucção. Durante a fase de amamentação, a mãe não deve consumir bebidas alcoólicas, cigarros etc. No caso de remédios, como podem ser transferidos para o leite, devem ser usados com orientação médica.

PRODUÇÃO E ARMAZENAMENTO DO LEITE

Quando o peito começar a produzir bastante leite, é recomendável fazer compressas de água morna com gaze ou fralda, para ajudar a soltar o leite e aliviar a região. Após a compressa, retirar o excesso de leite para evitar empedramento.

Se precisar armazenar o leite, isso pode ser feito colocando-o na geladeira por até 12 horas ou no congelador por até 12 dias, lembrando sempre de colocar etiqueta com data na mamadeira ou recipiente.

58

O VALOR DO SONO

Em média, um recém-nascido dorme 16 horas por dia. Nos dois primeiros meses, o bebê irá dormir tanto durante o dia quanto pela noite. Entre o primeiro e segundo mês, começará a ter uma regulação no sono, com um pouco mais de previsibilidade. Entre os 3 e 6 meses, o sono noturno se estabelece, e passa a dormir mais durante a noite e a ficar mais tempo acordado de dia, para se alimentar e aprender coisas novas.

O sono é um processo que deve ter a orientação dos duplamente grávidos, visando desenvolver hábitos saudáveis tanto para a criança como para os pais. Uma das formas eficazes de estabelecer uma rotina é procurar definir os horários do banho morno, da massagem, de embalar para dormir. Deve-se acostumá-la a dormir no seu próprio quarto, colocando-a de barriga para cima, ainda sonolenta, a fim de estimulá-la a aprender a dormir sozinha.

Durante o sono, precisamos secretar a melatonina, uma substância que ajuda a fortalecer o sistema imunológico, a capacidade cognitiva, a memória, a concentração, dentre outros benefícios.

Sabemos que o sono noturno não é igual ao sono matinal: uma pessoa que dorme muito tarde, porque fica horas no computador ou com insônia, libera em excesso os hormônios do estresse, como: adrenalina, cortisol, noradrenalina, e passa a ter forte tendência a envelhecimento precoce, além de ter o humor afetado, acordando mal-humorada e até ficando à mercê de outros fatores de risco a sua saúde.

Uma das coisas mais importantes no pós-parto, é a mulher descansar e dormir, ela precisa disso para seu bem-estar, para repor as energias e produzir leite.

Quanto à dormida do bebê, pode-se usar fralda dobrada, como um rolinho, colocando nas costas e na parte da frente (colocá-lo de lado). Já existem rolinhos de dormir à venda em lojas de bebês, como se fossem papiros interligados um ao outro.

Durante o sono, os bebês costumam levar as mãos ao rosto ou à boca e, para evitar cortes provocados pelas unhas ou pelo vício do dedo na boca, pode-se colocar luvinhas, que também protegem do frio.

59

AMBIENTE DO SONO

Quando minha esposa voltou a trabalhar, após 4 meses de licença--maternidade, nas primeiras semanas sentimos algumas dificuldades para avaliar o tempo de repouso e alimentação do bebê. Notávamos que ele ficava muito estressado, chorava muito, pois a babá ficava, às vezes, em frente à TV, ou conversando com a diarista, e, quando cantava, fazia em volume elevado.

A criança precisa de um clima adequado para dormir, e as músicas de ninar são mais eficazes quando cantadas em voz baixa, calma. O colo precisa oferecer repouso para a cabeça dela, de tal forma que encontre uma boa posição para repousar. Se ela ficar com a cabeça a 90°, mesmo no colo, dificilmente conseguirá dormir e poderá se irritar.

HIGIENE COM AS ROUPAS E OS UTENSÍLIOS DO BEBÊ

Os duplamente grávidos devem ter um cuidado especial com relação às roupas da criança, que devem ser lavadas em sabão neutro, antes de serem usadas, já os utensílios usados pelo bebê precisam ser esterilizados para evitar contaminação de germes e bactérias.

61

RECONHECIMENTO DA VOZ E DO CHEIRO

Logo nas primeiras semanas de vida, o bebê é capaz de se acalmar ao ouvir a voz dos pais ou a música que escutava frequentemente durante a gravidez, além de sentir principalmente o cheiro da mãe.

Quando faltavam apenas 15 dias para o nascimento de nosso filho, encontramos no consultório da obstetra um casal que reforçou a importância de conversarmos com o bebê, em função do reconhecimento da voz.

Quando nosso filho nasceu, enquanto era atendido pela pediatra, para os cuidados iniciais com sua saúde, a higiene e a preparação, ele chorava intensamente. A médica, então, disse que poderia aproximar-me para que escutasse minha voz. No momento exato em que comecei a conversar com ele, dizendo frases do tipo: "Filho, papai está aqui. Seja bem-vindo, nós o amamos muito!", "Joaquim, é o papai que está aqui a seu lado. Está tudo bem e já iremos lá com a mamãe". Foi impressionante como ele foi se acalmando, procurando encontrar minha voz, até que suspirou aliviado e parou de chorar.

APRENDENDO A FALAR CANTANDO

Enquanto oferecíamos colo, embalávamos para dormir, aprendi a falar com meu esposo, aproveitando o ritmo da música, assim, evitava que o bebê acordasse. Divertíamo-nos com essa prática criativa, improvisada e engraçada.

Costumávamos emendar uma música com frases que expressassem pedidos que queríamos fazer, exemplo: "Era uma casa muito engraçada não tinha teto... apaga a luz e desliga a tevêeee... pra ele não acordaaaar... senão vai sobrar pra você embalarrrrr".

63
VITAMINAS E MEDICAÇÃO

É comum encontrarmos alguma dificuldade na hora de dar vitamina ou remédio. Uma das coisas que aprendemos, foi ministrar o descongestionador nasal associando, com criatividade e alegria, a algo bom e divertido. Nos falávamos o nome do produto de forma engraçada, alegre, demonstrando na voz que era um momento de descontração e não de estresse, e ele aceitava com mais facilidade e menor resistência, chegando até a relaxar.

É valido reforçar que o estado emocional dos pais é sentido pelo bebê, portanto, precisa partir do casal esse equilíbrio e tranquilidade para que a criança se sinta segura. Sabemos que nem sempre é fácil, mas é algo que faz parte de nosso papel como duplamente grávidos. O melhor é buscar sempre alimentar um estado de espírito apoiado na oração, para qualquer circunstância e imprevisto.

Procurávamos utilizar seringas como principal instrumento para ministrar medicação em nosso filho, pois, além de práticas, elas evitam que se derrame o líquido, diferente das colheres que, com uma batida do braço do bebê, por exemplo, entornam tudo.

Além dessa vantagem, vimos que era uma forma de diminuirmos a confusão psicológica do bebê, uma vez que, quando dávamos de colher o medicamento, ele pensava que era comida. Outro recurso que utilizávamos bastante foram os copinhos com as medidas, que foram administrados de forma positiva também.

Evidentemente, algumas vezes encontrávamos dificuldades, pois, geralmente, a maioria dos bebês, quando não querem tomar remédio, fecham a boca, aprendem a cuspir, mas é possível administrar isso e contornar as dificuldades.

Uma dica interessante é inserir a seringa na boca apontando para baixo e despejando o líquido embaixo da língua, pois isso evita que a criança se engasgue.

Isso é bem diferente de colocar a seringa espirrando acima da língua, indo direto para a garganta, pois dificulta para o próprio bebê administrar o remédio dentro da boca enquanto engole.

64

CHORO NOTURNO

Uma vez acordamos assustados na madrugada com nosso filho chorando aos berros, algo que até então ainda não havíamos presenciado. Alguns amigos haviam dito que ainda íamos assistir ao choro conhecido como "terror noturno".

Ficamos surpresos com o choro forte, que parecia uma sirene que ia aumentando o som. Era como se estivesse tendo um pesadelo. No mesmo instante o colocamos no colo, conversamos calmamente com ele, procurando dar conforto e proteção. Aproveitamos para fazer uma oração e, em seguida, cantar, acalmando-o, oferecendo o peito, até que voltou a adormecer tranquilamente.

DIFERENCIAÇÃO DOS CINCO TIPOS DE CHORO

Certo dia, uma pessoa de nossa família fez o comentário de que achava que Deus só deveria permitir que a criança sentisse dores depois que aprendesse a falar. Ao ouvir isso, ficamos pensando a respeito, pois Deus, sendo perfeito, deveria ter uma razão especial para que a ordem natural fosse dessa maneira. Na prática com nosso filho, aprendemos a experiência da compaixão, a percebermos a necessidade dele para compreender suas dores.

Como duplamente grávidos, pela convivência conseguimos identificar cinco tipos de choro: o choro da fome, um dos mais fortes, só perdendo para o choro da dor; o choro quando o bebê está incomodado com a fralda suja; o choro quando quer colo, e o choro do aborrecimento, em função de ter feito algo que não gostou, ou quando é surpreendido, como no dia em que fomos dar um remédio logo que ele estava acordando. Aprendemos também a perceber o resmungo, quando quer manifestar resistência.

Outra experiência que tivemos no momento do choro foi oferecer um brinquedo que acendia luzes e fazia barulho. Era um carrinho bate-volta, que ajudava que ele se acalmasse e parasse de chorar. Para as meninas, pode ser um brinquedo que acenda luzes e emita sons para distrair.

Os meses sem se expressar verbalmente são enriquecedores pela oportunidade que temos de identificar suas necessidades, mesmo quando não "dizem" nada e mesmo no silêncio das palavras, pois com os gestos e os olhares aprendemos a compreender o inaudito, pela graça da compaixão.

Como pais, aprendemos a contemplar o olhar do nosso filho e a diferenciá-lo, para saber quando está bem ou quando está incomodado com algo.

TROCAR O DIA PELA NOITE

A primeira semana é a fase de maior adaptação tanto para o bebê como para os duplamente grávidos. Mas, passada essa fase, procurávamos ter o cuidado, durante o dia, de deixá-lo dormindo no carrinho na sala, para ter contato com a luminosidade. Aos poucos, é preciso ir regulando as mamadas diurnas e noturnas, para evitar que o bebê fique o dia inteiro no quarto escuro, com cortinas fechadas.

Aproveitávamos esse momento também para dar uma arejada no quarto, abrindo as janelas e fazendo uma limpeza nos móveis e no chão, que conserva muita poeira e sujeira dos sapatos. Costumávamos adicionar um pouco de álcool líquido nos produtos de limpeza.

67

APOIO DOS CIRENEUS

Com a chegada de um bebê, sabemos que as despesas aumentam, como: supermercado, farmácia, plano de saúde, domésticas em geral etc. Eu e minha esposa, depois que casamos, evitamos ao máximo ter que pedir ajuda à família e constrangê-los com alguma solicitação.

Não estamos referindo-nos aqui apenas a ajuda financeira, na medida das possibilidades de nossos familiares, mas de auxílio em alguns dias, como, por exemplo, caso o esposo precise viajar a trabalho, para que a esposa não fique sozinha, recorrer a ajuda de um parente ou amigo que possa fazer companhia durante aqueles dias ou por algumas horas.

No início preferíamos pagar diárias, porém, começamos a perceber que é mais difícil querer resolver tudo contando apenas com esforço próprio e que podíamos exercitar mais a humildade e pedir ajuda aos cireneus, para aliviar alguns dias de maior necessidade, tendo o cuidado para não abusar e de respeitar a liberdade de cada pessoa.

RECONCILIAÇÃO COM O APELO DO FILHO

Essa experiência dos duplamente grávidos foi simplesmente fenomenal. Certo dia, estávamos discutindo nossa relação e nosso filho, que estava dormindo, acordou e só amenizou o choro quando o colocamos no colo, porém, continuamos falando sobre o assunto.

Nosso filho começou a reclamar, querendo chorar e balbuciar algumas palavras, como se estivesse pedindo que interrompêssemos aquela conversa e voltássemos nossa atenção para ele, que, apesar de estar sendo embalado no colo, mesmo assim não conseguia se acalmar.

De repente, comecei a olhar para ele, a conversar e cantar, dizendo que eu já estava de bem com a mamãe. Ele milagrosamente se acalmou, começou a abrir um leve sorriso e relaxou. Então, continuei cantando e conversando com ele, até que dormiu prontamente, e nós ficamos em paz também.

69
DESPEDIDA NA SAÍDA

Desde que casamos, costumamos nos despedir com um beijo ao sair de casa para trabalhar. Com a chegada do Joaquim, passamos a dar um beijo ou a bênção para ele antes de sair de casa.

Certo dia, apressado e já saindo para trabalhar, dei um beijo rápido em minha esposa e, quando já estava a caminho da porta, ela me lembrou de que parasse para me despedir de nosso filho. Esse fato me marcou, para que nunca mais deixasse de me despedir também dele na saída.

REDE QUE EMBALA E ACALMA

Como todo nortista, gostamos de rede e descobrimos que este recurso poderia ser um ótimo aliado para acalmar o bebê e fazê-lo dormir, sem necessitar ficar tanto tempo no colo. Acostumado a dormir no colo, com o passar dos dias e o aumento do peso, isso acaba tornando-se cansativo, mas com a rede é mais prático embalá-lo e distribuir o peso.

Procuramos saber, na internet, se havia alguma contraindicação nesse procedimento e, para nossa surpresa, descobrimos que existem projetos em hospitais que utilizam a rede em tamanho menor até dentro de UTI de prematuros, pois ela imita o aconchego materno intrauterino, acalmando os bebês e fazendo com que eles se recuperem com mais rapidez, ganhando peso rapidamente, relaxando e dormindo melhor.

71 LICENÇA-MATERNIDADE E LICENÇA-PATERNIDADE

A mãe empregada no serviço privado tem direito a 120 dias ou 4 meses de licença-maternidade; caso seja funcionária pública o prazo é de 180 dias. O Decreto 6.690/2008 assegura aos servidores públicos federais a extensão da licença-maternidade para 180 dias e a Lei 11.770/2008, que instituiu o Programa Empresa Cidadã, concede à empresa que amplia a licença a suas funcionárias em mais 60 dias, totalizando 180, obter benefícios fiscais. Estados e municípios também têm adotado as licenças estendidas a suas servidoras.

Em 2010, o Congresso Nacional ampliou a licença-maternidade de 120 dias (quatro meses) para 180 dias (seis meses) para os órgãos públicos e para empresas privadas que aderem ao Programa Empresa Cidadã. Para as demais empresas privadas, fica à cargo da companhia definir por quanto tempo a mulher ficará afastada, desde que respeite o tempo mínimo de 120 dias.

A licença-maternidade deve ser solicitada pela funcionária ao seu empregador entre o 28º dia antes do parto e o nascimento da criança. A contagem de 120 dias começa assim que o bebê nascer ou, se a mulher preferir, 28 dias antes do parto. O pai tem direito ao benefício de 5 dias, o que permite aos duplamente grávidos poder dar maior assistência à mãe e aos seus filhos recém-nascidos, fortalecendo o vínculo familiar, sem ter que sofrer qualquer tipo de desconto em seus salários.

O pai biológico tem direito a 5 dias de licença-paternidade, ou seja, ele terá 5 dias de folga do trabalho. Embora não seja claro como deva ser feita a contagem, há uma corrente que defende que na contagem não devam entrar o sábado, domingo, feriado ou a folga do empregado, uma vez que a licença é remunerada.

Então, se o bebê nascer em um sábado, a contagem só deveria iniciar no próximo dia útil do empregado (se ele trabalhar domingo, então esse será o primeiro dia de licença; se ele trabalhar só na segunda-feira, então será na segunda-feira que iniciará a contagem da licença). O mesmo valeria para o caso de o bebê nascer em uma quinta-feira (dia 1), no caso dele ter se ausentado do trabalho para assistir ao parto; sexta-feira (dia 2), pula-se o sábado e domingo (caso esses sejam dias de folga), conta a segunda-feira (dia 3), terça-feira (dia 4), e termina na quarta-feira (dia 5), devendo o empregado retornar ao trabalho na quinta-feira.

A licença-paternidade pode aumentar de cinco para vinte dias. Mas, para ter direito ao período ampliado, a empresa em que o pai trabalha precisa estar vinculada ao Programa Empresa Cidadã, do governo. Se a empresa não fizer parte do programa, o pai tem direito a 5 dias apenas.

Pais adotivos poderão também ser beneficiados pela lei para uma maior adaptação com seus filhos. A mãe adotiva contribuinte da Previdência Social (INSS) tem direito à licença-maternidade de 120 dias. Em 2013, foi sancionada uma lei que entrou em vigor em 2014 que garante a licença-paternidade de 120 dias ao homem que adota uma criança.

Com a lei, é permitido que o pai solicite os benefícios da licença-maternidade, o que é válido apenas caso o pai seja contribuinte, e a mãe, não. Essa lei estende o benefício de licença-paternidade de 120 dias somente ao pai adotante, quanto ao pai biológico segue com direito a apenas 5 ou 20 dias. Porém, caso a adoção seja feita com outra pessoa, apenas uma delas terá direito à licença de 120 dias, à escolha do casal.

É válido salientar que, além da licença, quem adota uma criança tem direito ao salário-maternidade. O salário-maternidade é um benefício previdenciário aos contribuintes do INSS, e tem valor igual ao salário mensal, para quem possui carteira assinada ou realiza trabalho doméstico ou autônomo.

Para o recebimento do salário-maternidade, a Lei de Benefícios da Previdência Social estabelece 120 dias de recebimento no caso de adoção de criança com até 1 ano de idade; 60 dias no caso de adoção de criança que tenha de 1 a 4 anos e, no caso de adoção de criança de 4 a 8 anos, o período de recebimento é de 30 dias.

Além da presença do pai com a família dando total assistência em casa durante as trocas de fraldas, banhos, remédios etc., este período é útil não apenas para atuação interna, mas também para tomar as providências de registro civil de nascimento do filho, na inclusão do bebê no plano de saúde familiar.

No caso de registro para emissão da certidão de nascimento, o pai deve levar ao cartório alguns documentos como: a original da DNV – Declaração de Nascido Vivo, fornecida pela maternidade, cópia do RG dos pais e, sendo casados, uma cópia de certidão de casamento. O prazo médio para entrega da certidão é de 1 semana.

Por falar em prazo, é bom estar atento, pois no caso do plano de saúde, alguns planos dão cobertura de atendimento ao recém-nascido até 30 dias após o parto através do plano da mãe; após 30 dias, caso não tenha ainda sido feita a inclusão, poderá ter carência para determinados exames, procedimentos e consultas.

Uma providência útil para várias necessidades, dentre elas a própria inclusão no plano de saúde, é a emissão do CPF do recém-nascido. Para isso, de posse da certidão de nascimento e do documento de identificação de um dos pais, pode-se facilmente emitir o número de CPF em qualquer agência dos Correios ou nas agências do Banco do Brasil e da Caixa Econômica, pagando uma taxa irrisória para a emissão.

Uma dica válida é comprar uma pasta classificadora, contendo folhas plásticas, para arquivar todos os exames durante a gestação e pós-parto do bebê, o cartão de vacina, os documentos importantes relacionados ao filho desde seu nascimento. Esta mesma pasta poderá ser útil para guardar também as receitas médicas das consultas, criando um histórico do bebê.

72

CONSULTAS MÉDICAS

Durante as consultas médicas, costumamos fazer até hoje uma lista de observações e dúvidas para melhor aproveitamento do tempo de consulta presencial, para facilitar a objetividade nos contatos telefônicos ou através da troca de mensagens com a pediatra, pois sabemos que a agenda médica é corrida, e, também, para merecermos um retorno preciso da nossa necessidade e lembrarmos os detalhes mais importantes.

Nas consultas médicas, além de avaliarmos o estado de saúde do bebê, recebemos informações indispensáveis para melhor lidar em diversas situações, recomendações das vitaminas e dos melhores procedimentos, de acordo com a realidade de cada bebê. É interessante registrar os pontos mais importantes em uma agenda ou no verso de cada receita, após cada consulta.

73

BULA DE REMÉDIO

Uma dica para os duplamente grávidos é, quando forem recomendados remédios, sempre verificar a bula, para maior esclarecimento das possíveis reações, principalmente dar atenção para a posologia e para o melhor modo de aplicação. Às vezes, existem comentários ou até figuras que auxiliam na forma de aplicação.

Costumamos ter uma caixa onde guardamos as bulas para eventual consulta. Tivemos uma experiência com um remédio para alergia, que nosso filho tomou por 10 dias. Da primeira vez, ele manifestou algumas reações noturnas, acordando na madrugada com choro intenso, apresentando nervosismo ao longo do dia (alteração de humor), mudança no ritmo do sono, deixando-o sonolento pela manhã e dormindo mais tarde do que o normal.

Não associamos isso ao remédio e, após ter passado os 10 dias da prescrição, tudo voltou ao normal. Após alguns meses, ele precisou tomar novamente essa mesma medicação e, para nossa surpresa, manifestou as mesmas reações horríveis, idênticas à primeira vez. Ficamos surpresos, pois nosso filho não costumava reagir dessa maneira.

Ao consultar a bula, constatamos que essas reações estavam descritas como possíveis manifestações. Relatamos o fato à pediatra e ela recomendou suspender imediatamente o remédio, e tudo voltou ao normal. Esse cuidado é fundamental, pois poderia prejudicar a criança. É válido estar atento às possíveis reações.

Tivemos conhecimento de um caso em que a criança manifestou exatamente essas mesmas reações, porém, só foram descobrir após a criança estar tomando o remédio a um ano, isso gerou muito sofrimento e angústia para o casal, que já tinha até recorrido à terapia infantil, para saber o que poderia estar provocando as mudanças de humor.

74

MULTIPROFISSIONALISMO

Os duplamente grávidos, muitas vezes, assumem várias atividades profissionais, como, por exemplo: arquiteto, para projetar a organização do quarto; advogado, para representá-lo formalmente juntos aos órgãos; vigilante noturno, para realizar plantões; enfermeiro, para dar medicamentos e fazer curativos; cozinheiro, para preparar os lanchinhos da mamãe e a alimentação do bebê; nutricionista, para elaborar o cardápio; motorista, para levar a criança para passear e ir a consultas médicas; carregador, para levar as sacolas do bebê; babá, para o cuidado físico; economista, para conter o orçamento doméstico; psicólogo, para dialogar em busca de soluções; cantor e compositor, para criar músicas como esta: "Ele é o bonequinho, bonequinho da mamãe, e também é do papai. Ele é meu bebezinho, que gosta do leitinho da mamãe. Ele tem o olhinho do papai, a boquinha da mamãe, tem o narizinho da mamãe e o cabelinho do papai"; fotógrafo, para registrar os grandes momentos, e até de escritor, para relatar essas emoções todas etc.

Isso tudo é só uma forma de descontração para expressar a riqueza de ser pais multiprofissionais.

COMUNHÃO COM A IGREJA

Nos primeiros finais de semana do resguardo, tivemos a graça de comungar com a ajuda de ministros da Eucaristia que levavam a comunhão em nossa casa e rezavam com nossa família. Era uma visita aguardada com muita alegria, e pedíamos em nossas orações a intercessão de São José e a Santa Maria, pelo dom de sermos pais.

76

AMANHECER EM CLIMA DE ORAÇÃO E PAZ

Amanhecer em clima de oração e paz. Essa foi uma das práticas que adotamos, principalmente quando minha esposa retornou ao trabalho e tivemos que contar com a ajuda de uma babá.

Logo cedo, antes de sair, já ligávamos a tevê em programas que transmitem mensagem que evangeliza e alimenta a alma, ou colocávamos em programas musicais, com som leve e agradável. O clima na casa precisa ser de serenidade.

ORAÇÃO DOS DUPLAMENTE GRÁVIDOS

Para suportar e superar as provações e as dificuldades, sejam de que natureza forem, com a certeza da providência e vitória de Deus na família, é fundamental priorizar um tempo a dois, ainda que breve, a cada dia, geralmente à noite, para agradecermos em oração pela nossa vida, pela providência e proteção da família.

Costumávamos fazer a oração do Pai-Nosso, da Ave-Maria, do Anjo da Guarda, um ato de contrição (Jesus, meu bom Jesus, que, por nós, morrestes na cruz, queremos com a vossa graça não pecar mais, meu Jesus, misericórdia) e, às vezes, a oração de São Miguel Arcanjo.

Recorrendo e intensificando a vida de oração, percebemos que as dificuldades podem até surgir, mas a graça e a fidelidade divina sempre encontram a humana.

Como diz a Palavra, é muito clara a força da união e da providência divina: "Eu vos digo mais isto: se dois de vós estiverem de acordo, na terra, sobre qualquer coisa que quiserem pedir, meu Pai que está nos céus o concederá. Pois onde dois ou três estiverem reunidos em meu nome, eu estou ali, no meio deles" (Mt 18,19-20).

MESVERSÁRIOS

Em alguns lugares, é habitual celebrar mensalmente o dia de nascimento em cada mês subsequente. Trata-se de um costume reservado à família, parentes e amigos próximos, e não de uma festa. Comemorávamos o dia 26 de cada mês (data de nascimento de nosso filho), partilhando bolo e suco com a família e os amigos.

ROTINA CDB (COMER, DORMIR E BRINCAR)

Nosso filho chorava pela manhã e, quase sempre, em horários após as 10 horas, abria um berreiro e não sabíamos o motivo, uma vez que já estava alimentado. Percebemos que ele chorava de sono, pois estava no seu limite e não aguentava ficar vendo o tempo todo televisão e brincando com a secretária.

Criamos uma rotina CDB (Comer, Dormir e Brincar), e tudo se normalizou. Colocamos uma cortina no quarto, para facilitar o clima, na hora de dormir. É importante estabelecer uma disciplina de horários e rotinas, evitando que a criança fique mal-acostumada. Segue o modelo que foi usado com o nosso filho, e que era colocado como lembrete na geladeira:

Rotina diária do Joaquim (5 meses)
7h às 7h10: banho/vitamina (indicada pela pediatra)
7h10 às 7h30: leite materno
7h30 às 9h30: dormir/brincar
9h30 às 10h: suco – laranja-lima (100 ml a 120 ml) + ½ pera ou ½ mamão

Como fazer: descascar a laranja, depois espremer e coar. Dar na mamadeira ou com uma colher – não adicionar água nem açúcar.

10h20 às 12h: dormir

12h às 12h30: papinha salgada (carne, carboidrato e vegetal)

13h20: banho

13h30 às 13h40: leite materno

14h às 15h30: dormir/brincar

16h às 16h40: papinha de fruta

Como fazer: lavar bem as frutas em água corrente, tirar a casca e espremer no espremedor: mamão (½) ou banana-prata (½) ou pera (½), ou mamão (¼) + banana (½) ou mamão (¼) + pera (½)

17h: banho

17h10 às 18h: dormir

O restante do dia leite materno

(*Obs*: oferecer de 30 em 30 minutos água ou água de coco. Lavar as mãos antes de fazer as papinhas.)

Após o primeiro ano de vida, mesmo com uma alimentação mais flexível, é fundamental uma alimentação que siga certas regras, a fim de proteger os dentes contra cáries e, também, o funcionamento de outros órgãos do corpo, como o estômago, o intestino, a cognição cerebral etc.

Deve-se restringir a ingestão de comidas e bebidas com alto teor de açúcar e sal e, também, evitar balas e caramelos, gomas de mascar, iogurtes, refrigerantes e os "empacotadinhos", que podem deixar seu filho doente.

É valido incentivar ingestão de frutas, legumes e verduras; o corpo e o cérebro irão agradecer. A criança tem os pais como heróis e/ou modelos de bons hábitos, sendo assim, cabe aos duplamente grávidos dar bons exemplos de uma vida saudável. Devemos perseverar para incentivar a criança a estabelecer uma boa alimentação, usando de criatividade para apresentar e explicar sua importância para o crescimento.

80

ESCOVAÇÃO INFANTIL

Fomos orientados num curso, por uma odontopediatra, que, quando os dentes começassem a nascer, geralmente a partir do sexto mês, a escovação deveria ser feita utilizando-se uma escova infantil de cerdas macias, sempre após cada refeição e antes de dormir. Até os 2 anos de idade, a criança já deve ter adquirido o hábito da escovação.

Segundo estudos, as crianças, até os 5 anos, engolem até 80% do creme dental usado na escovação, portanto, é recomendado por especialistas, dos 3 aos 4 anos, o uso de pasta dental sem flúor, para evitar o excesso de mineralização na corrente sanguínea, que faz os dentes nascerem manchados ou marrons.

Existem várias frutas, como morango, uva, ameixa, assim como diversos vegetais, como couve-flor, alface e cenoura, que contêm substâncias naturais com forte ação de combate às cáries.

Conversando com casais experientes, fomos orientados que um ótimo referencial é permitir que a criança veja os pais escovarem os dentes, pois isso estimula a imitação, e sabemos que o bom exemplo é uma das melhores formas de promover uma boa educação.

CHUPETA E MAMADEIRA

Nosso filho não foi habituado ao uso de chupeta por esforço dos duplamente grávidos, e conseguíamos superar os momentos de maior inquietação oferecendo outras formas de alívio, como colo, carinho, cantar, dançar, conversar, oração, músicas etc.

Conseguimos evitar que ele usasse chupeta. Nos momentos de choro intenso, lançávamos mão da criatividade, embalando-o para dormir, agachando e subindo, fazendo o movimento que apelidamos de "elevador" (que consistia em cantar para ele, fazendo o movimento vertical de subida e descida lentamente).

Outra forma que encontramos de acalmar o bebê era juntar nossa barriga com a dele e aumentar a respiração, para ele sentir nosso coração batendo junto ao dele. Ele logo relaxava e parava de chorar.

Depois de alguns meses saímos de casa com ele, igual um rapazinho, as pessoas se admiravam dele não usar chupeta. Quando ele começava a chorar recorríamos ao elevador (foi o nome que atribuímos ao movimento vertical que o pai fazia para acalmá-lo, subindo e descendo lentamente com o bebê no colo, todos que presenciavam ficavam admirados com a cena ou riam do "mico") ou a dança do caranguejo (que também era uma outra tentativa de acalmá-lo sem dar a chupeta, através de uma dancinha feita em movimentos leves horizontais que embalava o bebê, enquanto ele se acalmava). Nosso filho rapidamente desenvolveu a falação e sua dentição foi crescendo normalmente.

Esse esforço nos recorda com muita satisfação um episódio em que uma médica pediatra, ao conhecer nosso filho, percebeu como ele se comunicava com a babá, falando frases com desenvoltura e expressão. Ela comentou: "Esse menino, com certeza, nunca colocou chupeta na boca, para estar, com esse tamanho, falando frases inteiras dessa maneira!".

Ficamos superfelizes, pois esse comentário revelou ser uma prova de que todo o esforço tinha valido a pena, até porque driblamos a insistência de familiares defensores da chupeta, que queriam a todo custo que a oferecêssemos ao Joaquim. O sacrifício teve sua recompensa.

Quanto à mamadeira, tentamos sem sucesso administrá-la, até para tornar a fase do desmame menos sacrificante no retorno ao trabalho, mas não houve acordo, ele não a aceitou.

Nossa pediatra recomendou que usássemos a colher para servir o alimento, e começamos a colocar em prática essa sugestão, para que ele pudesse alimentar-se durante a ausência da mãe.

Encontramos, na internet, um tipo de mamadeira com colher de silicone na ponta em substituição ao bico. Nosso filho teve ótima aceitação. À medida que ele ia tomando na colher, que recebia uma certa quantidade de alimento, pressionávamos o corpo flexível da mamadeira para ir dosando de acordo com a velocidade de absorção.

Já havíamos comprado vários tipos de mamadeiras nacionais e importadas, com todo tipo de bico que se assemelhasse ao seio materno, com texturas diferentes, mas o Joaquim não aceitava.

Vale destacar que, quando começamos a dar remédios para ele na colher, e alguns não tinham sabor muito agradável, percebemos que o nosso filho começou a rejeitar qualquer tipo de colher de silicone, por associá-la com esses remédios.

Resolvemos experimentar dar remédios em seringas de espessura fina ou grossa, para o caso de líquidos mais consistentes. Para nossa surpresa, ele passou a não mais rejeitar a mamadeira de colher.

82

COPO ANTIVAZAMENTO

Outra dica para os duplamente grávidos foi o copo antivazamento – pressão zero. A partir dos seis meses, os bebês vão adquirindo autonomia, tornando-se um pouco mais livres durante a alimentação. Esse copo antivazamento, em polipropileno e bico de silicone supersuave, é adequado para essa fase de transição.

Trata-se de um copo com garrinhas laterais ergonômicas, que permitem o encaixe prático e seguro nas mãos do bebê, e, quando virado de cabeça para baixo, não derrama o líquido de dentro. O bico não machuca e, quando acionado pelo mastigar do nenê, há uma certa inclinação, sendo liberada uma quantidade de líquido que não gera asfixia.

Nosso filho teve uma ótima adaptação e, como não usava mamadeira, utilizávamos esse copo continuamente para oferecer água ou água de coco e, depois, compramos outro para os sucos.

FALA INFANTIL

A criança, segundo orientações médicas, deve começar a falar em média ente 1 a 3 anos e, dependendo da forma como os pais se comunicam com seus filhos, será assim que estes irão procurar se expressar. O tom de voz positivo ou negativo perto do bebê é percebido inconscientemente por ele.

Você pode perceber que, quando damos risadas e nos divertimos com um gesto da criança, ela percebe e tende a repetir aquilo para nos fazer rir novamente. No curso de gestantes, ouvimos as fonoaudiólogas sugerirem que os pais devem usar frases curtas com o bebê, para facilitar sua compreensão e aprendizado.

É muito comum, quando tentamos comunicar-nos em outro idioma, pedir ao estrangeiro que fale devagar, pausadamente, para conseguirmos entendê-lo, imagine a criança que ainda está entrando em contato com os primeiros sons e sílabas. Segundo orientações médicas, podemos pronunciar lentamente algumas palavras e, caso a criança, após os 3 anos, continuar falando errado, deve-se procurar um fonoaudiólogo.

84
VOLTAR À FORMA FÍSICA

É necessário, antes de qualquer atividade física, que a mãe seja compreensiva e generosa consigo mesma, tendo paciência para recuperar a forma ideal com tranquilidade e assim que se sentir melhor.

É recomendável consultar um médico sobre a melhor maneira de retomar sua rotina de exercícios.

A atividade física regular aumenta a disposição pessoal e, também, para cuidar do bebê, pois diminui o cansaço, aumenta os níveis de energia e a sensação de bem-estar, além de ajudar a recuperar a forma em qualquer idade, devolvendo firmeza ao corpo.

A caminhada é uma excelente possibilidade nesse reinício, pois prepara para atividades mais intensas na academia, nos esportes etc. É importante fazer aquecimento e alongamento antes e depois da atividade, para evitar danos musculares. Seu corpo irá agradecer.

Uma forma agradável que encontramos de retomar nossos exercícios, como duplamente grávidos, foi ir com nosso filho para a praça e revezar assim: enquanto um passeava com o carrinho, o outro caminhava e fazia algumas corridas. Os três curtiam essa atividade ao ar livre.

Uma dica é usar roupas confortáveis para facilitar a circulação, e as mamães devem usar um sutiã que mantenha os seios firmes e protegidos. Lembre-se de beber água antes, durante e depois da atividade, para manter o corpo bem hidratado.

BEBÊ NA CAMA

Quando nosso filho completou seis meses, a mamãe, para aliviar o cansaço, começou a colocá-lo deitado na nossa cama para amamentar, o que ele adorou, pois é uma posição cômoda, e, quando cansava, podia parar e voltar quando o desejasse, até que adormecia.

No início, quando ele parava de mamar e ficava apenas "pitucando", nós o mantínhamos no colo para dar tempo de o leite descer, e, em seguida, o colocávamos no berço, porém, logo ele sentia falta da mamãe e reclamava. Então, o trazíamos de volta para a cama.

Fizemos isso por vários dias, semanas, meses. O resultado foi que nosso filho se acostumou a dormir apenas em nossa companhia.

A cama começou a se tornar pequena, pois é natural reservar uma área de proteção para ele ficar à vontade e confortável, muitas vezes até encostando a cama na parede e fazendo uma barreira com aqueles rolinhos de dormir, e é aí que o bebê deixa de ser o príncipe para ser o rei.

Veja a seguir as travessuras do reizinho que precisa ser destronado.

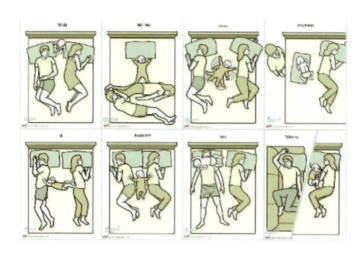

Esse costume começou a refletir na nossa intimidade, pois, se não tomamos cuidado, isso vai distanciando os momentos de carinho a dois.

Quando percebemos o que estava acontecendo, começamos, após as mamadas noturnas (que continuaram mesmo após a mãe voltar a trabalhar), a levá-lo para o berço e, quando ele chorava, minha esposa se levantava, dava de mamar e o fazia dormir. Às vezes, eu ficava um pouco com ele no colo e, depois, colocava de volta no berço, para ele ir se acostumando a dormir na própria cama.

RESGUARDO

Procuramos nos informar sobre os cuidados a tomar após o parto, quanto à retomada da atividade sexual. Então, entramos em contato com um grupo de orientação do Método de Ovulação Billings.

Este método ajuda os duplamente grávidos a terem uma fertilização natural ou, também, a evitar gravidez, normalmente, sem recorrer a métodos contraceptivos que trazem efeitos colaterais.

Ficamos tão satisfeitos com a metodologia, que tem forte influência não somente nos aspectos biofísicos, mas também do ponto de vista emocional e espiritual da relação a dois, que, além de nos tornarmos praticantes, minha esposa fez o curso completo e passou a ser instrutora junto à Coordenação Norte do Método Billings. E, inclusive, nos tornamos divulgadores desta graça em nossa vida matrimonial.

87
GRATIDÃO 24 HORAS AO DIA

Após o nascimento do nosso filho, enviamos mensagem para uma médica amiga da família, para que nos esclarecesse não só dúvidas inerentes à fase do recém-nascido, mas se era normal ficarmos pensando em nosso filho 24 horas por dia.

É impressionante como um filho traz novo sentido de gratidão à vida. Desde a hora em que acordarmos, e no decorrer do dia todo, nossa rotina diária passa a girar em torno dele e, ao retornarmos para casa, depois do trabalho, tudo é motivo de ação de graças.

PAPINHA

Na hora da papinha, uma experiência que deu certo foi usar desenhos infantis com muitas cores, figuras, músicas, pois percebemos que isso ajudava a prender atenção do bebê, enquanto oferecíamos a papinha, e, também, o distraía durante o dia.

89

DENTES

Quando começaram a surgir os dentes, constatamos algo que nossa pediatra já nos havia alertado: a cada dente que nascesse, o bebê apresentaria tendência a ter mais dificuldade para ingerir alimentos, para dormir, além de ficar reclamando do incômodo.

Segundo a pediatra, o tempo médio de duração desses sintomas, para cada dente, é de duas semanas. O ideal é administrar a situação, seguindo as recomendações médicas, com algumas dicas para aliviar o desconforto no bebê.

APLICAÇÃO FINANCEIRA

90

Um dos esforços de duplamente grávidos que fizemos logo nos primeiros meses de vida de nosso filho foi uma aplicação financeira com fins educacionais.

Trata-se de um investimento financeiro feito em uma instituição bancária em nome de nosso filho, com um aporte inicial à escolha dos pais, e que rende todo mês, com acréscimos de valor fixo debitados em conta (este valor é definido pelos pais, podendo ser estipulado desde a parcela mínima exigida pelo banco para desconto em conta corrente ou outro valor a critério dos responsáveis, de acordo com sua disponibilidade mensal).

Após atingir a maioridade civil, nosso filho poderá usufruir desse montante para investir em estudos, passar algum tempo no exterior fazendo intercâmbio cultural, adquirir algum bem, ou, se preferir, continuar poupando para investir em um negócio próprio no futuro, ou, ainda, transformar em uma previdência privada etc.

São fundos que possuem algumas vantagens interessantes, como, por exemplo: podem ser abatidos 12% do imposto de renda, o valor do crédito aplicado não entra em inventário (o que protege o recurso contra embargos e penhoras de terceiros), tem uma rentabilidade razoável de mercado, permite aportes extras a qualquer momento, de acordo com a disponibilidade dos pais, e serve como reserva para alguma eventualidade até mesmo da família.

Imagine a emoção de chegar no banco com seu filho, após 18 ou 20 anos, e de revelar-lhe a existência desse presente, que foi pensado pelos duplamente grávidos há muito tempo, quando ainda era um bebê? Pense nisso, vale a pena o investimento!

PRIMEIRO TRIMESTRE PÓS-PARTO

(PRIMEIRO, SEGUNDO E TERCEIRO MÊS)

O bebê, segundo as orientações da pediatra, doutora Mariane Franco, deve alimentar-se exclusivamente do leite materno; tomar banho de sol três vezes por semana; fazer curativo diário no umbigo, no primeiro mês; tomar as seguintes vacinas: hepatite B (segunda dose) + tetravalente (segundo mês) + pólio (primeira dose – segundo mês) + rotavírus (primeira dose); vitaminas A + D + C; pode ocorrer regurgitação, espirros, obstrução nasal, cólicas do lactente, "espremedeira".

SEGUNDO TRIMESTRE PÓS-PARTO
(QUARTO, QUINTO E SEXTO MÊS)

O bebê, segundo as orientações da pediatra, deve alimentar-se exclusivamente do leite materno; tomar banho de sol três vezes por semana; tomar as seguintes vacinas: hepatite B (sexto mês) + tetra + pólio (quarto e sexto meses) + rotavírus (segunda dose); manter as vitaminas até 1 ano de vida. Avaliar o desenvolvimento da criança: se sustenta cabeça, vira-se sozinho, se sorri, se segue objetos com o olhar, se senta com apoio.

TERCEIRO TRIMESTRE PÓS-PARTO
(SÉTIMO, OITAVO E NONO MÊS)

O bebê, segundo orientações da pediatra, deve alimentar-se do leite materno e também de frutas, sopinha, gema de ovo etc.; estimular a mastigação de alimentos sólidos; tomar a vacina da febre amarela (nono mês); aparecimento dos primeiros dentes (incisivos inferiores). Avaliar o desenvolvimento da criança: se senta sozinho, se engatinha, se fica de pé com apoio.

94

QUARTO TRIMESTRE
PÓS-PARTO
(DÉCIMO, DÉCIMO PRIMEIRO E DÉCIMO SEGUNDO MÊS)

Segundo as orientações da pediatra, neste período o bebê come de tudo, mas deve-se tomar cuidado com alimentos alérgenos (chocolate, camarão, caranguejo, derivados da carne de porco, corantes etc.); e tomar as vacinas: triviral (1 ano), varicela, meningococo, hepatite A, gripe, pneumococo (6 meses a 1 ano). Avalia-se o desenvolvimento da criança: se anda com apoio ou sozinho, se brinca com objetos coloridos, como estão suas funções fisiológicas, peso e altura.

VACINAS PARA O BEBÊ

95

O ideal é buscar orientações médicas particulares ou públicas para não descuidar das vacinas e das datas, que são importantes para cada período vital.

Outra saída é fazer o acompanhamento das vacinas, de acordo com o calendário do Ministério da Saúde, disponível em postos de saúde, através de panfletos ou sites. É bom ter sempre atualizada a carteirinha de vacinação.

Adquirimos um importante aprendizado no momento em que fomos vacinar nosso filho pela primeira vez. Ele estava dormindo e perguntamos à enfermeira se podíamos acordá-lo, e ela respondeu que não precisava. Sabíamos que ele, de qualquer forma, iria chorar, em função da aplicação, mas não imaginávamos que fosse tanto, talvez pelo susto, em razão de estar dormindo e acordar sendo espetado.

Na segunda vez que fomos levá-lo para vacinar, ele estava novamente dormindo no momento em que chegamos no local de vacinação. Desta vez, não pensamos duas vezes, acordamos com toda calma nosso filho, ele viu o que estava acontecendo, recebeu a injeção e deu uma choradinha rápida, totalmente diferente do que ocorreu na primeira vez. Depois, logo se acalmou, e ganhou até certificado de corajoso.

Uma forma de duplamente grávidos que encontramos, para dar ao nosso bebê um pouco mais de conforto e segurança, foi a mãe ficar com ele no colo durante a aplicação do medicamento, enquanto o pai oferecia o dedo para ele segurar. Conversávamos com ele, dizendo palavras de coragem e conforto, e que tudo ficaria bem. Apesar de chorar, percebíamos que ele se recuperava mais rápido, em comparação às vezes anteriores.

ESCOLHA DOS PADRINHOS

É comum constatarmos que os pais escolhem para padrinhos de seus filhos as pessoas mais próximas da família. É louvável essa atitude, mas temos que ter cuidado quanto a isso, no que se refere aos valores transmitidos pelos padrinhos ao longo da convivência familiar.

Por falar em convivência, creio que um critério valioso, a ser considerado, é exatamente esse da questão do conviver. Às vezes, escolhemos pessoas por quem nutrimos grande estima pessoal, mas que dificilmente teremos oportunidades de convivência frequente.

No meu caso, por exemplo, a minha madrinha teve contato, pode-se dizer, regularmente comigo, mas o meu padrinho eu raramente o encontrava, às vezes passavam-se anos sem termos sequer contato telefônico. Confesso que sua influência em minha vida foi muito pequena e limitada.

Outro valor que consideramos essencial na seleção dos padrinhos consiste no exercício de uma certa autoridade, que lhes será conferida. O padrinho e a madrinha, ao longo da vida, terão uma condição especial diante de nossos filhos, pois foram escolhidos pelos duplamente grávidos não para terem um título em forma de homenagem, mas para passarem bons exemplos e valores cristãos a eles, portanto, terão certa autoridade no sentido de influenciar positivamente a vida dos afilhados.

Percebam que todos esses valores não estão associados a valores materiais, mas aos valores cristãos e de família praticados pelos escolhidos. Não devemos selecionar um padrinho ou uma madrinha pelo simples fato de ser bem-sucedido profissionalmente ou por ter uma condição financeira elevada. O maior capital que os escolhidos podem transmitir para nossos filhos será exatamente valores intangíveis como respeito e amor pelos bons hábitos.

Compreendemos o sacramento do Batismo não como uma festa social que necessita de um banquete comemorativo. E, sim, como o momento em que deixamos de ser criaturas do mundo e passamos a ser filhos e filhas de Deus. A partir do Batismo, abandonamos nossa vulnerabilidade às garras do mal e assumimos uma condição de proteção e de vida batismal de testemunho familiar, totalmente consagrada a Deus e favorável à graça divina.

Por esse motivo, precisamos ter consciência de que batizar é uma questão de critério de valor e de tempo, e não podemos prorrogar muito essa bênção para nossos filhos. Lembro que imaginávamos escolher um dia especial para batizar nosso Joaquim, mas compreendemos que o melhor dia seria aquele que Deus, em sua brevidade e providência, escolhesse para batizá-lo.

Procuramos não deixar a escolha por conta da sorte. Em oração, compartilhamos com Deus as pessoas que estavam no nosso coração e, nessa oração, através do livro de Marcos, capítulo 16, tivemos o discernimento e a confirmação de nossa escolha, que teve, como principal critério, padrinhos com coração aberto para o amor de Deus.

97

PRUDÊNCIA COM VIAGENS

Tivemos a seguinte experiência, quando nosso filho estava com dois meses e meio. Recebemos uma amiga de outra região em nossa casa e, tendo como desejo levá-la a um passeio de fim de semana, fomos todos a Salinópolis, que fica duas horas e meia da capital.

Quando estávamos na estrada, em razão não só da necessidade de amamentar, mas também de algumas lombadas, curvas e buracos, foi preciso empreender uma velocidade bem aquém do que costumávamos normalmente. Assim, a viagem acabou tendo uma duração de quatro horas, com parada para o almoço, e percebemos que o bebê ficou muito incomodado pela demora.

Ao chegar à cidade, fomos à praia, após as 16h30, quando sol já estava fraco. Percebemos que a praia não oferecia estrutura com banheiro, o que não permitia higiene adequada para trocar fraldas.

À noite, fomos surpreendidos por um choro muito forte de nosso filho, que parecia estranhar o ambiente. Notamos que ele estava com marcas de picadas de insetos, apesar de dormir em um berço portátil, com mosqueteiro. No dia seguinte, resolvemos retornar à capital.

Diante disso, adquirimos como aprendizado que, nesse período, antes dos três meses, é bom evitar viagens distantes, pois se torna muito cansativo para o casal, além de dificultar a ambientação do bebê. É também mais prudente não enfrentar a estrada, pois corre-se o risco de um imprevisto, com algum problema no carro, piorando ainda mais a situação, principalmente para o recém-nascido.

98

PRIMEIROS PASSINHOS

Uma das coisas que ajudaram nosso filho a andar, antes de 1 ano de vida, foi usar uma fralda de pano, que envolvíamos embaixo de seus braços e segurávamos por trás, para que ele firmasse as pernas e fortalecesse a musculatura, ganhando confiança e firmeza nos passinhos.

DESMAME

O desmame é um momento delicado para os duplamente grávidos, pois terá que contar com o afastamento da mãe na rotina do bebê e com maior dedicação do pai para fazê-lo dormir, para ajudar nos banhos, dentre outras tarefas, pois a mãe ainda deverá estar produzindo leite, e o bebê vai fazer de tudo para não desgrudar dela.

Uma dica interessante é colocar um pedaço de esparadrapo no peito e dizer que ele está doente, para que o bebê comece a perceber que a mãe está impossibilitada de oferecê-lo. Com o passar dos dias, ele esquecerá. No começo pode chorar, mas depois tudo será recompensado por muitos sorrisos.

100

ORAÇÃO FINAL

Ao iniciarmos este livro, falamos da importância da oração para a construção da família. Em nossas palavras finais, não poderia ser diferente, pois, mais importante que qualquer técnica, orientação ou sugestão, precisamos ter a aliança com Deus, conversar intimamente e diariamente com ele, que será sempre nosso principal mestre e aliado em todos os momentos.

Um casal amigo, Marcelo e Gisele Maia, quando nosso filho estava prestes a nascer, expressou o desejo de que ele chegasse com saúde, sabedoria e santidade. Essa tríade é uma combinação completa para uma vida. É com essa alegria no coração que renovamos esses votos para a vida de seus filhos, com os 3 "S": saúde, sabedoria e santidade.

Desejamos um parto abençoado aos duplamente grávidos e que, na amamentação, jorre leite emanado de um coração que ama, pois, onde está o amor, tudo pode ser superado. Que Nossa Senhora do Bom Parto seja a auxiliadora nos momentos difíceis, pois ela nos deu um Filho salvador, Jesus, que nos salva de todas as nossas dores.

Inspirai, Senhor, as nossas ações e ajudai-nos a realizá-las, para que, em vós, comece e termine tudo aquilo que fizermos. Por nosso Senhor Jesus Cristo, vosso Filho, na unidade do Espírito Santo. Amém.

Um fraternal abraço, duplamente grávido!

PLANILHA DE ORÇAMENTO FAMILIAR

VALORES A RECEBER	MÊS	
Descrição	Previsto	Realizado
Valor mensal resultado do trabalho do pai. (Exemplo: salário, retirada de sócio ou serviços autônomos).		
Valor mensal resultado do trabalho da mãe. (Exemplo: idem anterior).		
Outras receitas: oriundas de serviços extras ou ajuda de terceiros.		
TOTAL		

VALORES A PAGAR	MÊS	
Descrição	Previsto	Realizado
Alimentação (supermercado, feira, padaria...)		
Moradia (aluguel, condomínio...)		
Contas de consumo (água, energia, gás...)		
Telefone/Internet		
Plano de saúde/Farmácia		
Educação		
Higiene e uso pessoal		
Transporte		
Diarista/Babá		
Atividade física		
Lazer		
Dízimo		
Extra (outras despesas)		
Impostos diversos e tarifas bancárias		
Financiamentos (bens patrimoniais)		
Investimentos e aplicações		
TOTAL		

SALDO FINAL DO MÊS	MÊS	
Descrição	Previsto	Realizado
Saldo anterior – caixa/banco		
Valores a receber no mês		
Valores a pagar no mês		
TOTAL		

Rua Dona Inácia Uchoa, 62
04110-020 – São Paulo – SP (Brasil)
Tel.: (11) 2125-3500
http://www.paulinas.com.br – editora@paulinas.com.br
Telemarketing e SAC: 0800-7010081